新金融评论
China Finance Review

2014年第3期（总第11期）

> 图书在版编目(CIP)数据
>
> 新金融评论. 2014年. 第3期：总第11期/上海新金融研究院编.
> —北京：社会科学文献出版社，2014.6
> ISBN 978-7-5097-6179-3
>
> Ⅰ.①新… Ⅱ.①上… Ⅲ.①金融-文集 Ⅳ.①F83-53
>
> 中国版本图书馆CIP数据核字（2014）第132695号

新金融评论 2014年第3期（总第11期）

编　　者 / 上海新金融研究院

出　版　人 / 谢寿光
出　版　者 / 社会科学文献出版社
地　　址 / 北京市西城区北三环中路甲29号院3号楼华龙大厦
邮政编码 / 100029

责任部门 / 经济与管理出版中心（010）59367226　　责任编辑 / 陈凤玲　于　飞
电子信箱 / caijingbu@ssap.cn　　　　　　　　　　责任校对 / 王洪强
项目统筹 / 恽　薇　　　　　　　　　　　　　　　责任印制 / 岳　阳
经　　销 / 社会科学文献出版社市场营销中心（010）59367081　59367089
读者服务 / 读者服务中心（010）59367028

印　　装 / 北京鹏润伟业印刷有限公司
开　　本 / 787mm×1092mm　1/16　　　　　　　　印　张 / 11.25
版　　次 / 2014年6月第1版　　　　　　　　　　　字　数 / 160千字
印　　次 / 2014年6月第1次印刷
书　　号 / ISBN 978-7-5097-6179-3
定　　价 / 40.00元

本书如有破损、缺页、装订错误，请与本社读者服务中心联系更换
版权所有　翻印必究

新金融评论
China Finance Review

顾问委员会主任：陈　元
顾　　问：（按姓氏拼音排序）
方星海　胡怀邦　蒋超良　姜　洋　林毅夫　凌　涛　裴长洪　秦　晓
沈联涛　屠光绍　万建华　王　江　吴敬琏　吴晓灵　谢　平　易　纲
余永定　周　伟　朱　民

编辑委员会主任：钱颖一
编　　委：（按姓氏拼音排序）
管　涛　黄海洲　李迅雷　连　平　廖　岷　马　骏　缪建民
阎庆民　袁　力　张　春　郑　杨　钟　伟

主　　编：钱颖一
执行主编：王海明
特邀编辑：郭　凯
编　　辑：廉　薇　王　芳　熊　静　黄　涓　全淑琴　郭　峰

《新金融评论》是上海新金融研究院主办的经济金融类学术刊物，致力于发表权威、严谨、高标准的政策研究和基础研究成果，强调学术性和政策性的完美结合。中国金融四十人论坛为本刊提供学术支持。

"中国金融四十人论坛"（CF40）是中国领先的非官方、非营利性的独立智库，专注于经济金融领域的政策研究，由40位40岁上下的金融精锐组成。上海新金融研究院（SFI）是由中国金融四十人论坛举办的非营利性专业学术研究机构，与上海市黄浦区人民政府战略合作。

联系电话：021-33023256
联系地址：上海市北京东路280号7楼701室《新金融评论》编辑部
投稿邮箱：cfr@sfi.org.cn

目　录

专　题

(1)　大国汇率政策选择：超越汇率形成机制改革的深度思考　管　涛

(14)　利率市场化于跨境资本流动和人民币汇率之影响

何　东　王红林　陆尚勤

(34)　加快实现既定的人民币汇率形成机制改革目标　　　张　斌

(47)　利率市场化改革与银行利差　　　　　　　　　　　高善文

国际金融

(64)　经济成长、汇率和房地产：国际比较及对中国的启示

钟　伟　魏　伟

改革实践

(79)　中国偿付能力监管改革　　　　　　　　　　　　　陈文辉

(94)　我国资本市场的对外开放战略　　祁　斌　高小真　查向阳等

(122)　新型农业经营主体的概念特征和制度创新　　宋洪远　赵　海

金融实务

(140)　从网络经济学视角看互联网金融　　　　　　　　孙明春

(159)　金融大数据的战略与实施　　　　　　　　　　　武　剑

大国汇率政策选择：
超越汇率形成机制改革的深度思考*

◎ 管 涛

摘要：本文对我国下一步人民币汇率政策选择的理论和实践问题进行了深入探讨。文中建议，作为大型开放经济体，我国应该优先考虑对内平衡，将汇率政策作为次要政策，将其还原为政策工具，当作经济运行的结果而非目标。要处理好市场和政府的关系，摆正汇率政策的位置，相信却不能迷信市场。一方面，要发挥市场配置资源的决定性作用，加快外汇市场的发展和双向资本账户的开放，进一步完善人民币汇率市场化的形成机制；另一方面，要加快建立健全逆周期调节的宏观审慎框架下的外债和资本流动管理体系，不断提高透明度，减少信息不对称，提高市场有效性。

关键词：大国经济 汇率政策 市场化汇率形成机制 均衡 失调 超调

作者管涛系国家外汇管理局国际收支司司长。
* 本文仅为个人看法，不代表作者所在机构和单位的意见。文责自负。

【 专题 】

自从1994年年初汇率并轨以来，我国确定实行以市场供求为基础的、有管理的浮动汇率制度。此后，我国按照让市场在汇率形成中发挥越来越大作用的既定改革方向，坚持主动、渐进、可控的原则，逐步扩大人民币汇率浮动区间，增加人民币汇率双向波动的弹性，并自2014年3月17日起，将银行间即期外汇市场人民币对美元交易价日浮动区间，由中间价的上下1%扩大到上下2%。这是贯彻落实党的十八届三中全会精神、发挥市场在资源配置中起决定性作用的重大举措，也是完善我国金融市场体系、构建开放型经济新体制的重要内容。然而，改革未有尽时。在继续深化汇率形成机制改革的过程中，还有若干理论和实践问题需要进一步深入思考。

一、对内平衡优先的大国策略

汇率政策是大国次要的经济政策。开放经济宏观调控的四大目标，既有经济增长、增加就业、物价稳定等对内平衡目标，又有国际收支平衡的对外平衡目标。当经济对内与对外平衡目标同时达成时，我们就说该经济体达到了均衡状态。然而，经济内外同时平衡是相对的，内外平衡的目标出现冲突却是绝对的。当两者冲突时，大国通常优先考虑对内平衡目标，也就是使国际收支平衡的目标让位于增长、就业和通货膨胀目标。因此，大国对汇率政策一般采取善意忽视（Benign Ignore）的态度，把汇率水平变化当作结果而非目标。在现实世界里，采取固定汇率安排的通常是小型开放经济体（也称"小国经济"），大型开放经济体（也称"大国经济"）却鲜有这样做的。欧洲是一个非常有趣的货币实验场地：欧盟成员作为小型开放经济体，先是在欧洲经货联盟框架下实行联合浮动汇率安排，继而选择了永久的、不可撤销的固定汇率安排，引入了欧元这一超主权货币；但尽管欧元区是世界第二大开放经济体，欧元对其他货币的汇率却是浮动的，欧洲央行的主要职责不是稳定欧元汇率，而是稳定欧元区物价水平。从这个意义上讲，欧元的诞生更多的是反映了货币政策向欧洲央行集中让渡的过程，而非简单地等同于引入固定汇率安排，因为区内主权货币都已经不存在了，何来货币之间的比价关系？将欧元区归入实行固定汇率安排的地区有些似是而非。

　　无须把美国的危机应对想复杂了。一样的危机，会有不一样的应对。在20世纪末的亚洲金融危机期间，遭受危机的新兴市场为阻止本国外汇储备流失和本币汇率贬值，均采取了紧缩性财政和货币政策的措施。结果，国际收支危机演变为全面的经济和金融危机，国际货币基金组织开出的危机处方饱受诟病。自2008年全球金融危机以来，美国实施了量化宽松货币政策（QE），这引起了关于"货币战争"的争议。但实际上，美国推出QE的首要考虑是满足本国防止通货紧缩、刺激经济增长、稳定金融市场的需要，至于全球美元流动性增加导致的美元汇率波动则是其副产品。正是基于"美国好、世界就好"的逻辑，美联储推出QE时明确表示不会顾及这一措施对其他经济体的溢出影响。基于类似的理由，日本实施"安倍经济学"，启动"质化量化宽松货币政策"操作导致了日元汇率的大幅贬值，而这也得到了主要发达经济体的理解和认可，而没有被指责为进行货币竞争性贬值。不可否认，自2008年全球金融危机以来，美、日、欧等主要发达经济体纷纷实施QE，造成全球出现了"松货币、低利率"的现象，确实令新兴市场承受了脱离本国基本面的资本流动冲击的压力，使新兴市场被反复地"剪羊毛"。这是由大国与小国在经济全球化中的不平等地位决定的，也反映了现行基于主权信用的国际货币体系的非公平性、非合理性。然而，任何政策选择均有机会成本，目前看来，还没有找到可付诸实施的替代方案。

　　不要把国际政策协调想得太理想。汇率是一种货币相对另一种货币的比价关系，因此，汇率政策天然具有外部性。汇率政策成为战后国际经济政策协调的重要内容，如布雷顿森林会议确立的全球性固定汇率安排，广场协议和卢浮宫协议确定的美元与日元、德国马克之间的汇率调整安排等。主要货币之间汇率大起大落被认为是造成国际金融动荡的重要原因。国际货币体系改革的一个重要提议，就是要在主要货币之间建立有管理的浮动汇率安排。然而，对此倡议，应者寥寥。究其原因，就是因为相关大国不可能为尽国际

【专题】

义务而放弃本国的对内平衡目标。可见，构建国际金融新秩序，不能仅从道义高度提出应该做什么，而应该寻找平衡各国利益诉求的最大公约数，考虑能够做什么，否则就只能是"海市蜃楼"。在本轮危机初期，各国之所以能够迅速采取一致的经济刺激行动，就是因为世界经济衰退已经成为全球性的头号威胁，稳定经济、稳定金融成为各国的共识。而现在新兴市场与发达国家之间以及发达国家内部的经济走势却不断分化，因此相应地国际政策协调难度也就大大增加。

二、汇率应作为工具而非目标

汇率稳定其实是货币幻觉。新兴市场有由本币不可兑换造成的国际清偿能力约束以及由本土金融市场发展滞后导致的对外大量举债等"原罪"（Original Sins）。因此，新兴市场普遍存在汇率的"浮动恐惧"（Fear of Floating）：既担心汇率升值影响出口创汇，又害怕本币贬值增加对外偿债负担，于是倾向于对汇率波动尤其是双边汇率波动进行管理。然而，由于主要货币之间的汇率是自由浮动的，中国政府只能稳定本币对某种货币的双边汇率，却难以稳定本币对多种货币的多边汇率，而多边汇率（有效汇率）才是影响出口竞争力的主要因素。当名义汇率调整不充分时，这又会通过金融和贸易渠道影响国内通货膨胀水平和资产价格走势，进而引起实际汇率的调整。也就是说，中国政府能够稳定名义汇率却不能稳定实际汇率。另外，为维护名义汇率稳定，中国政府还可能加强资本管制，这也会增加市场交易成本，相当于本币变相对外升（贬）值。但与市场形成的汇率升（贬）值相比，这种变相的升（贬）值只会单方面增加外汇流入（出）的成本，却不会降低外汇流出（入）的成本。

稳汇率会加大利率调控难度。在全球经济日益一体化的今天，不管大国还是小国，不论愿意还是不愿意，都不同程度地被卷入金融全球化之中。随着资本流动性的增加，"不可能的三角"（Impossible Trinity），也称"三元悖论"（Trilemma），或许只剩下了"独立的货币政策"与"稳定的汇率"两个选项。利率和汇率是市场经济条件下宏观调控的两个重要价格杠杆。如果选择汇率稳定，则势必会束缚利率政策的手脚。结果，汇率对外部平衡、利率对内部平衡的调节作用会全部缺失，造成一系列市场扭曲问题。日本陷入长期经济停滞，很大程度上就与1985年广场协议后，为阻止日元过度升值而实施低利率政策引发的资产泡沫有关。泡沫破灭后，日本银行业出现倒闭风潮，日本陷入长期的通货紧缩、流动性陷阱和资产负债表衰退之中，经济从此一蹶不振。在该次危机中，中国香港地区因为实行联系汇率制度，绑定了港币与美元之间的利率联系，造成了输入型的流动性过剩，助推了当地资产价格膨胀。在危机中，我国为稳定人民币对美元汇率，放弃了对人民币利率的调整，也曾经付出了一段时期实际利率为负的代价，被认为是造成国内过度投资和储蓄、经济出现结构性失衡的重要原因。

稳汇率与稳物价难以兼得。根据一般理解，中央银行货币政策目标中的"保持币值稳定"，是指对内稳定物价、对外稳定汇率。然而，这可能是央行难以完成的任务。如前所述，在名义汇率与实际汇率稳定不可兼得的情况下，货币"对外升值、对内贬值"并非咄咄怪事。伴随着汇率升值压力的国内原材料价格上涨以及用工用地成本上升等，最后一样会损害本国出口竞争力和外商投资环境。2005年汇改以来，外商投资企业和加工贸易方式在我国外贸进出口中的占比均回落了约20个百分点。事实上，即便美国、日本、欧元区等主要发达经济体的央行，其货币政策的币值稳定目标也只是指向物价稳定，而不负责汇率稳定。相反，当国内面临通货膨胀压力时，本币汇率升值被视为反通货膨胀的政策工具。

三、客观评价汇率政策的作用

（一）汇率调节与国际收支平衡

汇率是市场化国际收支调节体制机制的重要价格工具，其作用不可或缺，但也不能过分夸大。首先，自主性的国际收支平衡格局，必然产生经常项目顺差、资本项目逆差，或者经常项目逆差、资本项目顺差的镜像关系，因此跨境资本流动的双向开放至关重要。自20世纪90年代中期以来，除1998和2012年外，我国持续的国际收支"双顺差"，在一定程度上就反映了在经常项目出现顺差而资本流动管理延续"宽进严出"政策的背景下，由资本流出渠道不畅导致的国际收支数量调节机制缺失。其次，对外经济失衡是对内经济失衡的反映，促进国际收支平衡必须从恢复对内经济平衡入手，汇率并不能起决定性作用。日本和德国在经历战后本币大幅升值后，依然维持经常项目收支盈余，就与其高储蓄的经济结构性特征密切相关。美国长期的低储蓄、高消费才是其高财政赤字、高贸易赤字的经济根源，因此美元贬值政策是治标不治本。

自汇率并轨以来，人民币双边和多边汇率的大幅升值，也没有消除中国的贸易盈余和经常项目顺差。但自此次危机以来，中国加快经济发展方式转变，"扩内需、调结构、减顺差、促平衡"，这却令经常项目顺差占GDP的比例自2008年起逐步回落，2013年降至2%，远低于国际认可的合理标准，中国经济再平衡取得了举世公认的成就。再次，促进国际收支平衡的政策措施，必须服从于对内平衡目标，不能就外汇谈外汇。中国早已明确指出，国际收支的主要矛盾已经从外汇短缺转为贸易顺差过大、外汇储备增长过快，并提出必须把促进国际收支基本平衡作为保持宏观经济稳定的重要任务。然而，近年来我国外汇储备增长依然居高不下。从国际收支的角度看，增加人民币汇率弹性（甚至明确让人民币汇率加速升值）、拓宽资本流出渠道等都已显得迫在眉睫。在外部需求疲软、全球金融动荡、国内经济结构调整的情况下，只要外汇储备积累不造成现实的通货膨胀压力和资产泡沫，那么国际收支平衡这一目标与国内增长和就业等事关全局稳定的燃眉之急比较起来，也就只能"退避三舍"了。

（二）汇率浮动与货币政策独立

开放经济的"三元悖论"告诉我们，在资本流动性越来越高的情况下，只有不断提高汇率的灵活性，才能更好地确保货币政策的自主性。从国际上货币危机的教训看，资本账户开放与僵化的汇率安排是最坏的政策组合，容易招致货币攻击，引起货币危机和银行危机并发的双重危机（Twin Crises）。然而，实行汇率浮动以后，也不意味着一国可以自由地制定利率政策。由于资本流动性增加，市场主体在本外币、境内外资产间的选择更加自由，由此产生的货币替代效应会影响货币政策的效果，即便发达国家也不能例外。如在美联储QE不断加码的情况下，美元作为息差交易（Carry Trade）的目标货币，从美国私人部门大举流向海外，被兑换成高收益货币资产，造成了美国刺激性货币政策的一个极大漏损。好在现行国际货币体系是美元本位，美元居于国际货币体系的中心，新兴市场为阻止本币汇率升值而干预外汇市场，又以运用外汇储备的方式购买美国国债，从而使美元回流到美国，压低了美国利率，才迂回地保证了QE的效果。而日本实施QE却造成了国内资金加速外流，使实体经济进一步失血，而这也成为人们诟病"安倍经济学"的一个重要依据。新兴市场作为国际货币体系的外围，是国际金融市场的价格接受者，其处境就更加不幸了。在2008年全球金融危机期间，尽管亚洲金融危机后汇率弹性的普遍增加为一些新兴市场如印度、巴西等赢得了根据本国经济情形独立加息的机会，但本外币利差的扩大进一步推动了本币汇率升值，酿成了汇率高估的恶果。于是，2013年年中，美联储QE退出预期一出，一些新兴经济体就首当其冲，出现了资本外流、外汇储备下降和本币汇率贬值等问题。近年来，国际资本流动剧烈波动的破坏性影响引发了国际社会对资本账户开放的重新认识。国际货币基金组织明确表示，支持对跨境资本流动采取宏观审慎甚至资本管制措施，建议资本账户开放应该采取谨慎态度。2013年，欧盟还通过了在部分成员国引入金融交易税的法案，以抑制无序的货币交易行为。

（三）汇率波动与套利资本流动

僵化的汇率安排，是一种隐性的汇率担保，会刺激不做风险对冲的对外过度借贷行为，从而埋下金融风险的隐患。1997年7月，泰国引爆东南亚货币危机，就与其在实行钉住汇率时期，境内企业大量对外借贷且主要是从事短期借贷有关。而就在不久前，因为汇率波动率极低，人民币也一度是新兴市场中最佳的息差交易货币。有机构估计，2014年年初，境外人民币可赎回远期交易（简称TRF）的市场规模达到1500亿~3500亿美元。这种人民币结构性产品，就是赌人民币汇率会延续单边升值和低波动率的走势。然而，自2014年2月中旬以来，尤其是自2014年3月17日人民币汇率扩大浮动区间以来，人民币汇率双向浮动趋势日益明显，较好地起到了分化汇率预期、抑制过度投机、平衡外汇供求的作用。按照国际常用指标测算，2013年人民币的息差交易夏普比率（Sharpe Ratio）为6.68%，2014年2月19日至4月25日为-4.47%，人民币已经沦为新兴市场中较差的息差交易货币了。但是，汇率浮动也不能完全消除息差交易。例如，澳元虽然是在布雷顿森林崩溃前就已经实现汇率自由浮动的货币之一，但在2008年全球金融危机中，因为其收益率较高、币值比较坚挺，也曾经成为一个重要的息差交易货币。对此，我们必须有清醒的思想认识和充分的心理准备。

（四）汇率浮动与均衡汇率的形成。

汇率长期僵化，容易导致汇率偏离反映经济基本面的均衡汇率，出现高估或者低估形式的汇率失调。让市场在汇率形成中发挥决定性作用，使央行基本上淡出对外汇市场的常态干预，允许市场通过试错的方式寻找均衡汇率，有利于防止出现汇率失调。

但市场并非万能的。尤其在金融全球化程度日益加深的今天，资本流动越来越成为影响汇率走势的重要因素，这就使汇率脱离了商品属性，而更多地具有资产价格属性，心理预期、价格重估等非流量、非交易因素对汇率的影响加大。浮动汇率安排的痼疾之一，就是容易出现偏离经济基本面的汇率超调。

例如，美元实行汇率自由浮动，全球市场上的美元供求是基本平衡的，但美元汇率仍然有升有跌。其升值肯定不能简单用资本流入来解释，贬值也一定不能简单地用贸易赤字来诠释，因为美国的国际收支平衡格局本身就是经常项目逆差与资本项目顺差的组合。在每个时点上，美元对主要货币的汇率都是市场出清产生的短期均衡汇率。但短期均衡并不意味着长期也是均衡，短期汇率的资产价格属性往往会导致汇率失调。20世纪80年代上半期，在高利率、高汇率"双高"背景下的美元泡沫就是前车之鉴[①]，该次美元泡沫是在布雷顿森林体系崩溃后发达国家首次对国际汇率政策进行协调（即"广场协议"）的主要诱因。而且，（中长期的）均衡汇率是一个理论概念，容易定性却难以定量。不同的理论模型，可能推演出不同的量化结果，莫衷一是，从而可能使决策者无所适从。因此，对很多汇率失调的现象只能事后观察，事前却难以确认[②]。

对发达经济体来说，其市场机制健全，管理汇率波动风险的能力相对较强，对汇率浮动乃至超调的容忍度和承受力也相对较高。而对新兴市场来说，其市场机制不健全，则汇率超调造成的汇率过度波动乃至失调，就可能会带来灾难性的后果。在2008年全球金融危机中，新兴市场被"剪羊毛"就是殷鉴不远。从理论上讲，均衡汇率是指经济对内对外同时达到平衡时对应的汇率水平。然而，话好说，事儿难办。如果经济对内对外平衡状况指向一致，那么这比较好判断汇率高估还是低估；但如果两者指向相悖，就难以简单做出明确的判断了。中国现在的情况就是：从国际收支、外汇储备变动等对外指标看，人民币汇率似乎仍然需要升值；但在经济增长速度换挡期、结构调整阵痛期、前期刺激政策消化期"三期"叠加的背景下，从国内产能过剩、经济下行等对内指标看，人民币汇率则又似乎需要贬值。在推进人民币汇率形成机制改革和评估人民币汇率政策时，我们对此不可不察。

四、深化汇率改革的政策组合

增加汇率弹性与外汇市场发展。自2005年汇改以来，为配合人民币汇率

[①] 这正是当时美联储主席沃尔克用高利率政策反通货膨胀，帮助美国经济走出滞胀泥潭的副产品。1985年9月的广场协议，就是专门协调西方五国的汇率政策调整。

[②] 正如在关于是否应将金融稳定纳入央行货币政策目标的争议中，反对者所指出的那样，泡沫通常只能事后评判。央行不一定比市场更聪明，有能力更早地判断出资产价格是否已经出现泡沫。

【专题】

弹性的逐步增强，我国开始大力发展外汇市场。目前，境内外汇市场除即期交易外，还有远期、外汇掉期、货币掉期和外汇期权等基础的人民币外汇衍生品交易。同时，境内人民币外汇衍生品市场发展一直围绕"服务实体经济，坚持产品创新与银行风险管理水平和企业风险承受能力相适应"的原则，在客户端对各类衍生品交易实行比较严格的实需管理，这有利于企业根据实际对外贸易和投融资情况进行套期保值，提前锁定汇率风险，集中精力做好主业。然而，由于过分强调实需管理，在货物贸易和直接投资等与实体经济有关的涉外经济活动造成持续较大顺差的情况下，基于客盘买卖需求发起的交易容易形成单边市场，不利于增加市场流动性，不利于市场价格发现和风险规避，也不利于央行汇率政策的操作。而境外市场在没有实际需求的情况下，前些年尽管也有对人民币汇率单边升值的预期，但不同风险偏好的交易者基于对未来人民币汇率走势（如升值幅度）的不同判断，仍然能够形成一个自我出清的市场。由于境外市场相对境内市场的管制较松，现在离岸市场的人民币外汇衍生品交易量已远远超过在岸市场，对人民币外汇衍生品的定价权形成挑战。周小川行长在十八届三中全会的辅导报告中明确提出，要根据国内外汇市场发育状况和经济金融形势，有序扩大人民币汇率浮动区间。而在央行逐渐淡出对外汇市场的常态干预的同时，进一步丰富外汇市场交易产品，增加交易主体，放宽交易限制，拓展外汇市场的深度和广度，是我们必须完成的家庭作业。

扩大汇率浮动与资本账户开放。如前所述，当前我国国际收支经常项目与资本项目持续出现"双顺差"、外汇储备增长居高不下的主要原因之一，就是在"宽进严出"的资本项目管理体制下，民间资本流出对经常项目顺差的冲抵作用缺失。而资本项目持续顺差，尤其是近年来超过经常项目顺差成为外汇储备增长的主要来源，有可能正在酝酿着人民币汇率超调的风险。要让市场在汇率形成上发挥越来越大的作用，首先，有必要通过解除资本管制，特别是对资本流出的管制，让市场供求得到更加充分的反映。否则，外汇供求关系的扭曲，必然会造成汇率价格信号的扭曲。然后，要继续坚持改进汇率调控，发展外汇市场，理顺外汇供求"三位一体"的思路，既积极又稳妥地推进人民币汇率形成市场化的改革。双向资本账户开放既不能超前汇率市场化太多，但也不能落后太远，两者应统筹兼顾、整体推进。

五、中国明天的汇率政策畅想

首先，要明确中国的经济定位。因为中国的经济金融体量大、对外贸易投资规模大，所以中国应该被定位为大型开放经济体。当然，由于贸易大而不强、金融开放相对滞后，中国还远没有成为国际商品和金融市场价格决定者。即便如此，体量大也意味着中国经济的回旋余地大、抵御外部冲击的承受力强，我们在涉外经济政策和对外部门开放方面的选择应该有别于小型开放经济体。作为大国经济，应该对内平衡优先，对外平衡应该服从于对内平衡目标。维护币值稳定，关键是把自己的事情做好。强势的经济自然造就强势的货币。

其次要摆正汇率政策的位置。历史上，人民币汇率政策在我国经济体制改革和宏观调控中一直扮演着非常重要的角色。它是发挥市场调节作用、减少政府行政干预，推进外贸外汇体制改革的重要推手；是消除计划经济时期的汇率高估，实施出口导向型经济发展战略的重要政策；是通过维护双边汇率稳定，引入货币锚，反通货膨胀的重要工具；还是通过增加人民币汇率弹性，纠正汇率失调，促进国际收支基本平衡的重要调节手段。总之，现阶段人民币汇率政策可谓万民瞩目，重要性无以复加。但是，将来完成人民币汇率市场化改革后，汇率政策要还原其本来面目，不是目标，而是工具和结果。在央行淡出对外汇市场的常态干预的同时，汇率政策应该逐渐淡出政府议事日程，被善意地忽视。汇率政策应该逐渐成为金融外交的重要议题，而非国内政策议题。同时，将来汇率涨跌也应该逐渐变成只是市场去关心的金融变量。汇率是否均衡，你说了不算，我说了不算，唯有市场说了算。我们应该有这份自信！

最后要认清汇率政策的作用。汇率政策是宏观调控的重要工具，却不能包治百病，甚至不能起到决定性作用。资本天然是逐利的、顺周期的。经济

【 专题 】

失败会招致货币攻击，但经济成功有时也不能避免货币攻击。国际资本往往因为东道国经济前景看好而大量流入，助长东道国通货膨胀的出现和资产泡沫的形成；一旦东道国经济下行，资本反向流出，又可能加大东道国经济、金融紧缩的压力。所以，国际资本流动有时也被认为是对经济成功的惩罚，我国周边国家在亚洲金融危机期间由盛而衰的教训就是前车之鉴。经济越成功，我们越要有忧患意识。要时刻警醒，资本流动冲击都是先从资本流入开始的，只有前期的大量流入，才会有后期的集中流出。增加汇率弹性，有助于减少无风险套利的资本流动。但要相信却不能迷信市场，在发挥市场决定性作用的同时，还要更好地发挥政府的作用。要建立健全宏观审慎框架下的外债和资本流动管理体系，发挥其逆周期调节功能，包括央行适时适度的干预，以熨平外汇市场的过度和异常波动。要进一步提高市场透明度，增加数据和信息披露的内容及频率，减小信息不对称的程度，提高市场有效性，便利市场识别和风险管理。

总之，大国的汇率政策选择应该追求剑道的最高境界，即"手中无剑，心中也无剑"！这似乎应该成为中国汇率改革的终极方向。

Exchange Rate Policy for Large Open Economy: Going beyond Market-based Exchange Rate Regime Reform

GUAN Tao

(State Administration of Foreign Exchange)

Abstract: The article discusses theoretical and practical issues related to RMB exchange rate policy. It suggests that as a large open economy, China should give priority to internal equilibrium. The exchange rate policy should be regarded as a subordinate policy among different policy tools, and the exchange rate is the result rather than the target of economic operation. The relationship between market and government should be dealt with properly, with the exchange rate policy in the right place and the market trusted but not blindly followed. On one hand, we need to allow the market to play a decisive role in resource allocation, speed up foreign exchange market development and two-way capital account openness, and further improve the market-based RMB exchange rate formation mechanism. On the other hand, we need to set up and strengthen a counter-cyclical external debt and capital flow management system under a macro-prudential framework, improve data transparency, reduce information asymmetry, and upgrade market efficiency.

Keywords: large open economy, exchange rate policy, market-based exchange rate regime, equilibrium, misalignment, overshooting

【专题】

利率市场化于跨境资本流动和人民币汇率之影响*

◎ 何 东 王红林 陆尚勤

摘要：利率市场化意味着中国货币政策的操作从以数量工具和目标为主转向以价格工具和目标为主。在利率市场化的过程中，中国与主要发达经济体之间的利差有可能扩大，这会如何影响跨境资本流动和人民币汇率呢？本文从利率平价理论出发，重点分析了利率市场化对跨境资本流动的影响。分析结果表明：在人民币有效实际汇率基本接近其均衡汇率的情况下，央行可以通过扩大汇率波动幅度和对汇率市场进行不可预测的间隙性干预来影响市场对未来汇率的预期；央行可以通过改变一直以来实行的资本"宽进严出"的政策，鼓励企业对外直接投资和风险分散型个人证券投资，引导资本账户资金流向和成本，让跨境资本真正地双向流动起来，以此来化解汇率升值压力，稳步推进利率市场化。总体来说，作为一个需要有独立货币政策的大国，中国资金的价格应该从目前"利率波幅大、汇率波幅小"转向"利率波幅小、汇率波幅大"。

关键词：利率市场化 汇率 跨境资本流动

作者何东系香港金融管理局助理总裁；作者王红林、陆尚勤就职于香港金融管理局。
* 文章内发表的意见及做出的分析均为作者的个人意见及分析，并不代表香港金融管理局的意见。

一、引　言

2013年11月第十八届三中全会上通过的《中共中央关于全面深化改革若干重大问题的决定》为金融改革制定了蓝图："完善人民币汇率市场化形成机制，加快推进利率市场化，健全反映市场供求关系的国债收益率曲线。推动资本市场双向开放，有序提高跨境资本和金融交易可兑换程度，建立健全宏观审慎管理框架下的外债和资本流动管理体系，加快实现人民币资本项目可兑换。"不难看出，利率市场化、汇率市场化形成机制与资本市场开放是当前中国金融改革的核心任务。

利率和汇率分别为本国货币的对内与对外价格，而货币和资本市场是连接内外两个价格与市场的最直接渠道。因此，利率市场化、汇率改革与金融市场对内、对外开放是一个有机整体。利率市场化有两个重要组成部分：首先，央行从用行政手段管控银行体系的基准利率转向用自己的资产负债表、利用自己是高能货币的垄断提供者的独特地位，根据对中国经济均衡利率的理论认识和经验把握，通过市场手段"锚"定短期利率，并影响和调控整个收益率曲线。同时，金融机构在追求利润最大化的驱动下，根据客户对资金的供给和需求，来决定期限和风险定价。因为在利率管制情况下的基准利率可能偏离均衡利率，所以利率市场化的过程也是发现均衡利率的过程（何东、王红林、余向荣，2013）。

中国是一个快速增长的经济体，这意味着中国和主要发达经济体之间均衡利率的差距可能会长期存在。随着美联储货币政策逐步恢复正常，中国正在进行的利率市场化改革有可能使中国央行与美联储的政策利率水平的差距进一步扩大。[①]实际上，中国经济在2013年已经面临了较大的

---

① 最近的研究显示，中国的均衡实际利率水平大致为4%，而美国的均衡实际利率水平一般认为在2%左右，这意味着在中国实现利率市场化后，并考虑到通货膨胀水平的差异，中、美两国之间政策利率的利差可能长期处于2%～3%之间（何东、王红林、余向荣，2013）。

【 专题 】

海外资金单向流入的压力。在放松管制和金融创新的大背景下，货币需求的不稳定和"刚性兑付"的预期，加大了短期利率的波动程度和收益率曲线的陡峭程度。资本项目"宽进严出"的管理和汇率单向升值预期，为跨境资本流入提供了较强的诱因。如何防止利率市场化成为短期投机资本单向流入的诱因？在利率市场化过程中，如何避免人民币持续升值？人民币汇率波动幅度达到多大时，才能有效缓解正利差带来的资本流入压力？

本文从利率平价理论出发，通过比较抛补利率平价（CIP）与无抛补利率平价（UIP）理论的区别，说明汇率的预期管理是央行汇率政策的关键。人民币持续升值，使市场形成了对人民币未来汇率升值的一致预期，这也是近几年来跨境资本套利的主要动因之一。本文指出央行可通过扩大汇率波动幅度、对汇率市场进行不可预测的间歇性干预等方法，有效分散和引导汇率市场预期，来达到降低热钱流入动因，化解即期汇率升值压力的目标。

二、制度背景

改革开放三十多年以来，中国已经基本建立了与社会主义市场经济相适应的金融体制，金融业配置资源和服务实体经济的能力大幅提升（周小川，2012）。然而，利率和汇率市场上还存在不同程度的管制（或干预），这使资金价格在这两个市场上并非完全由市场决定。另外，跨境资本流动，特别是跨境证券投资还受到诸多限制，使得中国可以保持相对独立的货币政策和汇率的稳定性。

（一）利率双轨制下的利率决定

目前中国利率体系的显著特点是利率双轨制：银行体系中的管制利率和市场决定的货币和债券市场利率并存。银行系统中的利率管制只保留了存款利率上限，而贷款利率管制已经基本放开。由于被管制的存款基准利率低于其相应的均衡利率水平，因此央行不得不用信贷数量管制措施控制银行体系的信贷供给以保证通货膨胀目标的实现，这些信贷数量管制会不可避免地对贷款供给产生显著影响（何东、王红林，2011）。

货币市场和债券市场的各种利率虽然基本由市场供求决定，但不同金融市场之间的套利使货币与债券市场利率也会受到银行存款利率上限的影响。同时，央行也通过公开市场操作及其他货币政策工具来影响货币市场与债券市场利率水平。总体来说，在放松管制和金融创新的大背景下，货币需求已经变得相当不稳定。以数量为主的货币政策操作意味着利率的波幅在加大。加快利率市场化的步伐有很强的理论逻辑性和现实的紧迫性。

（二）有管理浮动汇率制度下的人民币汇率决定

目前，人民币汇率实行以市场供求为基础、参考一篮子货币进行调节、有管理的浮动汇率制度（易纲，2013）。有管理浮动目前主要体现在央行仍然为人民币对主要货币的汇率变动设定了一个区间。例如，每日银行间即期外汇市场人民币兑美元的交易价可在中国外汇交易中心对外公布的当日人民币兑美元中间价上下2%的幅度内浮动。从2005年7月汇率改革以来，人民币汇率灵活性不断增加，实际有效汇率已累计升值38%，促进了中国国际收支走向平衡。但是，汇率的短期波幅相当有限，2013年人民币对美元的平均日波幅只有0.11%；但2014年2月中旬以来，人民币对美元的平均日波幅显著增加到0.17%。

（三）资本账户有限开放

自从人民币在1996年实现了经常项目可兑换后，人民币资本项目可兑换有序推进。目前，直接投资实现了基本可兑换；证券投资建立了以机构投资者为主体的双向通道（QFII，QDII）。按照国际货币基金组织的标准，中国85%的资本项目已处于可兑换以上的水平（易纲，2013）。但从总体上看，资本账户管理仍然处于一种"宽进严出"的状态。具体来看，资本项目管制主要集中在资本和债券市场工具交易及衍生品交易上。下一步改革的重点是转为"双向均衡管理",取消内外资之间、机构个人之间的差别待遇。值得指出的是,如果考虑到国际资本假借贸易和直接投资渠道的套利行为,中国资本账户实际开放的程度要大于官方的表述。

三、利率平价理论与跨境资本流动

从以上制度背景的讨论我们可以看出,利率市场化、汇率形成机制改革和资本账户开放都正在推进。但2013年的经验表明,跨境资金单向流入,在利率市场化加速和汇率持续升值的情况下,给货币政策的操作和金融稳定带来了挑战。在这三项改革协同推进的过程中,一个急需回答的问题是,利率市场化如何影响跨境资本流动?本文从利率平价理论出发,试图给出一个比较清晰的分析框架。之所以从利率平价理论出发,是因为它是便于讨论短期汇率决定的分析工具。

利率平价理论主要包括抛补利率平价(CIP)和无抛补利率平价(UIP)两部分,这两个平价理论都是关于两种货币之间利差与即期、未来汇率之间的关系。所不同的是,CIP讨论的是利差和即期汇率以及远期汇率之间的关系,而UIP讨论的是利差和即期汇率以及汇率未来预期的关系。理论界一般认为,如果理性预期假设(Rational Expectation)成立,远期汇率应该是汇率未来预期的无偏估计,可是,这一结论并没有得到实践经验的支持,这也就是理论界通常说的"UIP之谜"。我们先从比较简单的抛补利率平价开始我们的讨论。

(一)抛补利率平价理论(Covered Interest Rate Parity, CIP)

抛补利率平价理论可以简单地描述为:即期汇率与远期汇率之差等于两种货币之间的利息差。抛补利率平价理论假设投资者面对两项选择:第一种选择是直接购入本国资产。第二种选择是把本国货币兑换成外币,购入外国资产,并同时订立远期合同,将来以既定汇率把外币兑换回本国货币。根据抛补利率平价理论，上述两种投资回报相等，否则，假设投资本国资产回报较高，投资者可以沽空本国货币，投资外币，进行套利。所以，抛补利率平价的公式如下：

$$(1+r_t) = \frac{F_t}{S_t}(1+r_t^*) \tag{1}$$

其中，r_t 和 r_t^* 分别是本国和他国的（名义）无风险投资回报，S_t 为即期名义汇率，F_t 是远期名义汇率，S_t 上升代表本国货币贬值。等式左右两边分别为投资本国和外国资产的回报。

很多实证研究表明，抛补利率平价理论一般是成立的（Frankel and Levich，1977；Peel and Taylor，2002），原因主要有以下三点：

（1）两国无风险利率水平、即期汇率和远期汇率都是在时间 t 时的公开价格信息；

（2）远期汇率合同是有约束力的法律合同；

（3）如果远期汇率偏离（1）式算出的价格，无风险套利就会出现，套利会将远期汇率拉回其应有水平（除非有其他原因导致套利无法发生，例如，跨境资本流动管制）。

所以，抛补套利无风险是因为远期汇率是根据当时的利差和即期汇率计算生成的，而无风险的套利和法律合约保证了（1）式成立的持续性。

（二）无抛补利率平价理论（Uncovered Interest Rate Parity, UIP）

无抛补利率平价理论可以简单地概括如下：即期汇率和未来汇率预期之差等于两种货币之间的利息差。无抛补利率平价的公式如下：

$$(1+r_t) = (1+r_t^*)\frac{E_t S_{t+1}}{S_t} \tag{2}$$

其中，$E_t S_{t+1}$ 代表投资者在时间 t 时对未来汇率（S_{t+1}）的预期。如果 UIP 成立，则意味着在均衡条件下，高息货币有贬值倾向，因为高息货币与低息货币之间的利息差需要用高息货币贬值来平衡。否则，持有高息货币的收益与持有低息货币的收益不一样，（2）式的均衡条件就得不到满足。另外，UIP 也意味着：当高息货币与低息货币的利差扩大时（如高息货币当局加息时），为满足UIP均衡条件，高息货币有一次性升值压力。然而，这些结论都是以UIP成立为前提的，但是很多实证研究表明，UIP在实际中往往不成立（Fama，1984；Burnside et al.，2011）。

UIP在现实世界中不成立，也是套息交易（Carry Trade）有利可图的原因。Greenville（2007）指出，日本投资者如自1990年起投资日元，以政策利率计算，截至2007年总回报率只有24%，如转换成澳大利亚元投资，回报率就变成165%，大约是投资日元回报的7倍，套息交易活动利润之高可见一斑。

比较UIP和CIP，会发现它们的区别只是将CIP中的远期汇率F_t换成了UIP中的$E_t S_{t+1}$，但这个细小差别却意义深远。我们从以下几个方面进行简单分析。

对未来汇率的预期并不是一个公开的价格信息，外汇市场中的投资者很难形成对未来汇率的一致预期。换句话说，用远期汇率作为对未来汇率的预期可能是不合适的，这就造成了理性预期假设的无效性。在实证研究中，有许多研究从这个方面解释了为什么UIP不成立（Baillie et al.，1983；Froot and Frankel，1989；Lewis，1989；Bacchetta and Van Wincoop，2006）。[①]

（1）即使市场能形成相对一致的预期，该预期也可能会随时间和新信息的到来而改变。换句话说，对汇率的预期并不是一个有法律约束力的合同，对未来的预期并不能成为无风险套利的条件，当然，也就无法由无风险套利来保证UIP的成立。

（2）来自两个经济中货币政策和汇率市场波动的风险，使得仅仅计算两种货币的回报率是不够的，投资者还必须考虑风险因素，换句话说，现实中的风险中性假设往往不成立，也就是说UIP不成立，因为UIP没有考虑风险溢价（Risk Premia）。在实证研究中，有许多研究从这个方面解释了为什么UIP

[①] 最近的学术文献运用汇率的截面数据,发现汇率实际走势仍然不合乎无抛补利率平价理论,但偏差没有以前想的那么大(Lustig, Roussanov and Verdelhan 2011)。

不成立（Engel，1999；Alvarez et al.，2002；Bekaert et al.，1997）。①

（3）金融市场发育的不完全也会影响 UIP 有效性。例如，如果两种货币资产不具有完全替代性或是金融市场流动性不足，则投资者在各种货币之间的套利活动都会受到影响，从而影响 UIP 的有效性（Burnside，2011；Brunnermeier et al.，2008）。

因此，UIP 在现实中往往不一定成立，原因是 UIP 的有效条件不容易得到满足。这意味着央行或货币政策当局有可能通过影响 UIP 的有效条件来影响跨境资金流动，进而影响汇率水平与走向。

（三）央行如何影响 UIP 的有效条件？

从以上对 UIP 的分析可以看出，人民币持续升值，使市场形成了对人民币未来汇率升值的一致预期，在资本账户部分开放的情况下，中国利率市场化带来的中外利差扩大的预期，成为短期投机资本单向流入的诱因，从而产生了人民币汇率升值的压力。

然而，我们在上一节的分析中指出，UIP 在现实中往往是不成立的，这恰恰是央行有可能有效管理跨境资本流动与影响汇率的必要条件。原则上讲，央行可以通过影响 UIP 的有效条件，来影响跨境资本流动与汇率。其中，主动引导市场预期或许是最重要的手段。我们逐条分析如下：

（1）在人民币实际有效汇率接近均衡汇率的情况下，汇率的双向波动使市场很难形成对未来汇率的一致预期。当人民币实际有效汇率接近均衡汇率时，经常项目下不会有持续的大规模顺差或逆差，这使汇率的双向波动有了

---

① 有些研究发现，高息货币升值幅度较小，但出现大幅贬值的概率较高，而且往往在坏消息触发避险情绪时出现。因此，这些研究认为套息交易参与者实际上是在向风险规避系数较高的低息货币持有者提供保险，并借此得到较高利润（Brunnermeir, Nagel and Perdersen, 2008; Lustig and Verdelhan, 2008）。另一种观点称为"比索问题"（Peso Problem）。假设高息货币在某些小概率的情况下，可能出现大幅贬值，当这种情况出现时，套息交易参与者将蒙受巨大损失，因此套息交易参与者要求较高的回报。由于汇率大幅贬值的情况较罕见，在数据上无法验证，所以无抛补利率平价理论看似不成立（Burnside, Eichenbaum, Kleschchelski and Rebelo, 2011）。

基本面的支持，市场不易形成对汇率的单向升值或贬值预期。

（2）即使市场因为某种原因形成相对一致的单向预期，央行也可以对汇率市场进行不可预测的干预，打破市场的单向预期，从而化解即期汇率的升值压力。央行对即期汇率市场的干预是一种管理汇率预期的手段，因为即期汇率的表现会影响投资者对未来汇率的预期。从国际经验来看，对汇率市场进行不可预测的干预是各国央行管理汇率预期的普遍手段。

（3）即期汇率双向波动幅度越大，市场对未来汇率的预期也越分散，进而使远期汇率有越多的不确定性，这使套利者未来面临的汇率风险增大，套利交易变得无利可图。可见，允许即期汇率双向波动幅度增大，是央行管理未来汇率预期的可行途径，也是央行阻击套利的有效手段。

所以，央行可以通过干预即期汇率的波动幅度和水平来影响投资者对远期汇率的预期，而远期汇率的预期又会影响套利跨境资金的流动，从而影响即期汇率。所以从某种意义上来说，在UIP中，投资者对未来汇率的预期是影响跨境资本流动以及即期汇率的关键，如果央行可以很好地管理汇率的预期，就可以有效管理跨境资本流动和稳定即期汇率。

另外，汇率波动幅度的加大使套利者面临的风险增加，从而使跨境套利的难度增大，这也是央行对跨境资本流动管理的一个有效手段。加上目前中国金融市场与发达国家金融市场的差别还很大，无风险资产的可替代性也比较差，这些因素都会增加跨境套利的难度。因此，在目前情况下，中外之间的利差并不一定意味着人民币有持续升值的压力，央行也完全有能力通过管理汇率预期、主动干预和扩大汇率波动幅度来化解可能有的升值压力。那么，人民币汇率波动幅度达到多大时，才能有效遏制正利差带来的资本流入压力呢？下面我们就这个问题做进一步分析。

四、人民币汇率波动幅度和跨境资本流动

上文指出，跨境资本回报不同可引起短期的资本流动，而由于实践中UIP往往不成立，套利者可以使用低息货币作为其资本来源，将其投资于高收益

的其他货币,从中获得由息差和汇率升值带来的超额利润。

然而,短期的汇率波动意味着上述的套利行为存在风险。根据市场调查和订单流程(Order Flows)数据,外汇市场参与者非常多样化(包括外汇交易商,机构投资者,非金融投资者,对冲基金和政府投资者等),不同参与者的投资期限也各有不同。外汇交易商和炒家的投资期限一般较短,大约在一日至一个月之间(Barker,2007;BIS,2013;Osler,2008)。这意味着即使某种货币有升值的趋势,只要短期汇率波动足够大,就可能使套息交易的风险大于回报,所以资金不会贸然大举涌入。

我们使用一个经过风险调整的预期超额收益的比率来测量套利者对风险和收益的权衡。假设套利者使用美元作为其资本来源货币,将其投资于其他货币,则我们可以使用如下套利意图指数:

$$CTII = (r_i - r_{US}/\sigma_{i/USD}) \qquad (3)$$

其中,r_i,r_{US} 分别是货币 i 以及美元的无风险利率。$\sigma_{i/USD}$ 是名义汇率变化(百分比)的标准差。事实上,套利意图指数可以被看作一个夏普(Sharpe)比率,这个比率具有一个通常的形式:

$$Sharpe\ ratio = E(X)/\sqrt{Var(X)} \qquad (4)$$

其中,X 是一个投资组合的回报。假设一个套利者使用美元作为资本来源的货币,并且投资于货币 i,那么他按年的收益率是:

$$X = r_i - r_{US} - \Delta S_{i/USD} \qquad (5)$$

其中,$\Delta S_{i/USD}$ 是货币 i 的贬值幅度。金融文献发现随机行走(Random Walk)是预测短期汇率的最佳方法(Meese and Rogoff,1983),即 $\Delta S_{i/USD} \sim (0, \sigma^2_{i/USD})$。因此,可以把套利意图指数写成:

$$CTII = E(X)/\sqrt{Var(X)} \qquad (6)$$

我们使用这个"套利意图指数"来研究跨国利差和汇率波动的关系。首先,我们选择澳元和新西兰元这两个高收益的货币来做时间序列分析。简要来讲,在澳元和新西兰元相对美元有较高利差的时期,它们对美元的汇率波动也较大,而这两种货币套利意图指数的时间序列大致在某一固定区间之内。其次，我们分析多个浮动汇率国家的平均套利意图指数。结果显示，利差和汇率波动两者之间存在统计性显著的正相关关系。

（一）对高收益货币的分析

首先，我们分析两个高收益货币澳元（AUD）和新西兰元（NZD）的套利意图指数。在利率数据方面，我们用3个月银行间利率来代表货币的无风险利率。此外，我们用三个月平价期权隐含的汇率波动（Option Implied Volatility）来代表$\sigma_{i/USD}$。我们用的数据是日度数据，其时间跨度为2004年1月1日到2013年2月28日。银行间的利率数据来自CEIC数据库，三个月的汇率波动数据来自彭博（Bloomberg）数据库。

图1显示了澳元和新西兰元对美元的利差。很明显，这些货币的无风险利率在大部分时间里都显著高于美元。图2显示这两种货币（相对于美元）的名义汇率变化。

图3比较了货币汇率波动性的两种测量方式：平价期权隐含的汇率波动性和以过去的汇率算出的实际汇率波动性。图3显示两种测量波动性的方法很接近。事实上，平价期权隐含的汇率波动性包含投资者对未来汇率预期，比较适用于套利意图指数。

图4报告了两种货币的套利意图指数。对澳元和新西兰元来说，套利意图指数在大多数时间介于0.15和0.4之间。假设对投资者来说，人民币的吸引力与澳元和新西兰元相近，我们可以用这些数据来估计人民币汇率需要波动多大时才能有效遏制跨境套息交易。假设中、美的名义利差为3%，这意味着人民币对美元的汇率一年的波动幅度应该介于7.5%到20%。假设每年有252个交易日，并且假设汇率的变化率符合独立同分布的统计假设，我们可以依照如下公式将年度波动幅度转化为每日波动幅度：

年度波动幅度 = 每日波动幅度 × $\sqrt{252}$

因此每日人民币汇率波动需要在0.47%~1.26%之间。

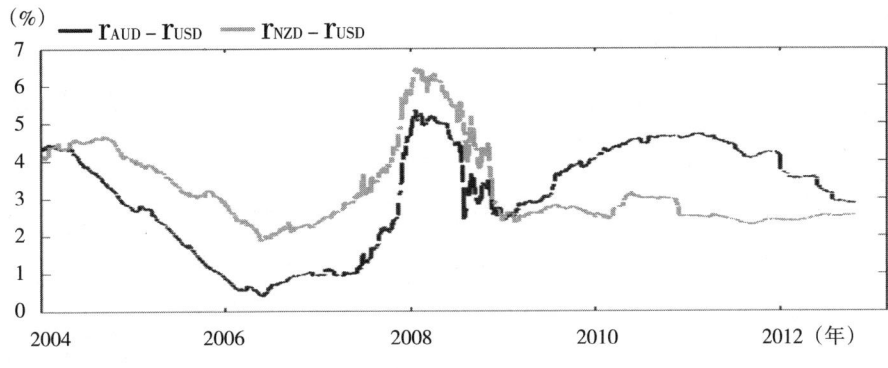

图1 澳元、新西兰元与美元的利差

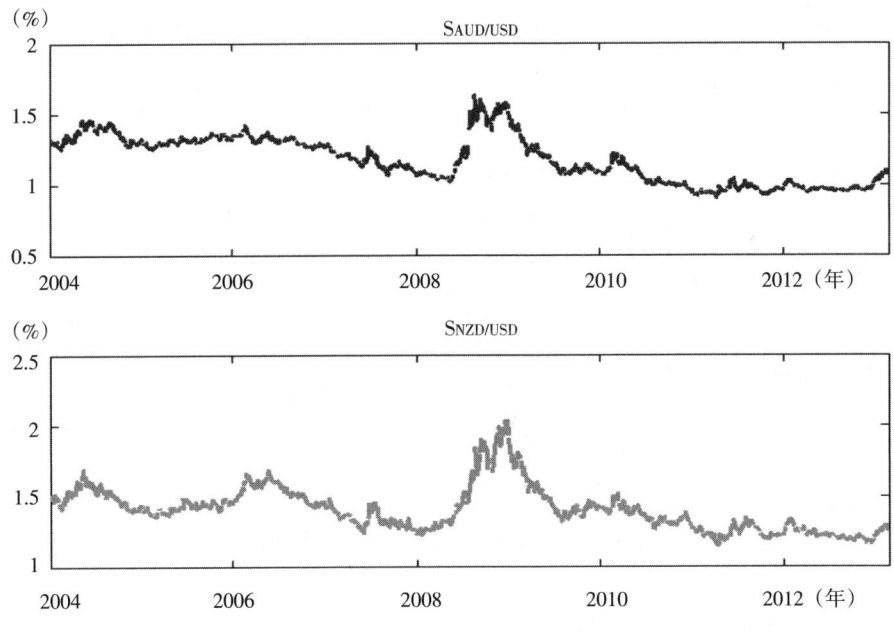

图2 澳元和新西兰元对美元的名义汇率

(二) 对更多货币的实证分析

我们也用更多货币样本构建的平均套利意图指数作为稳健性检验。图5

【 专题 】

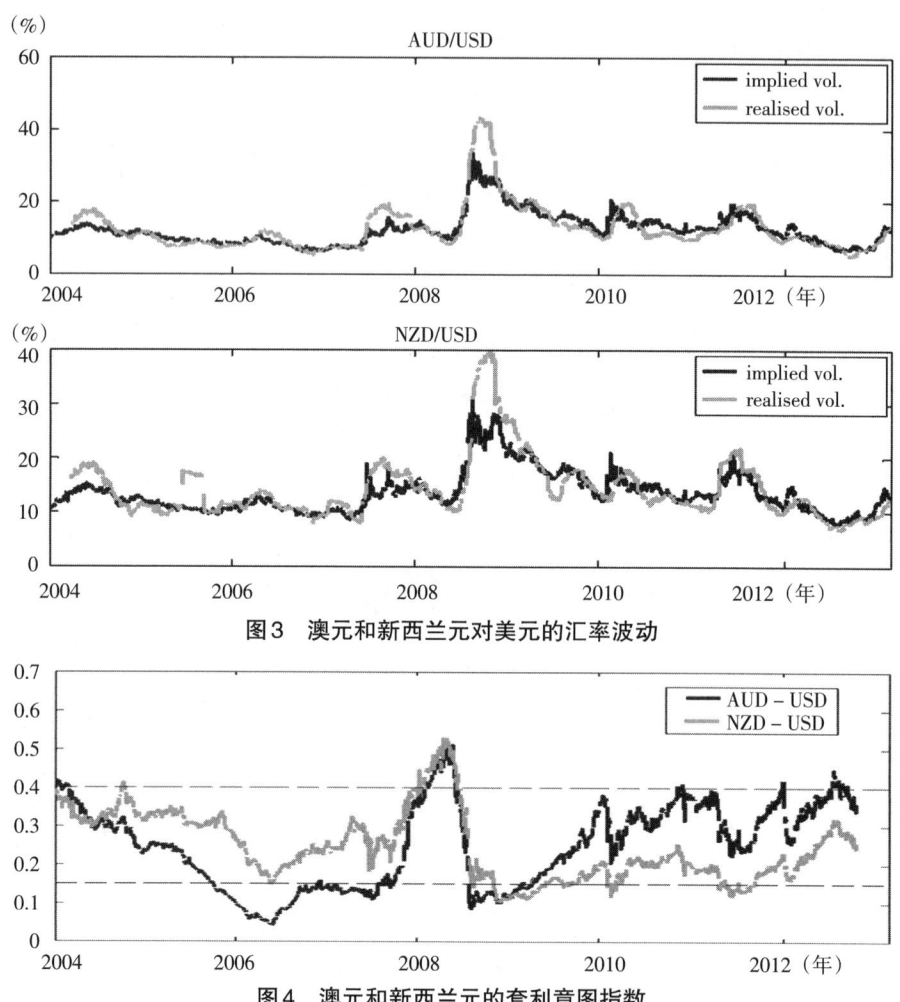

图3 澳元和新西兰元对美元的汇率波动

图4 澳元和新西兰元的套利意图指数

显示了每一种货币的平均利差和平均汇率波动。①

我们将平均利差作为因变量,将平均汇率波动作为自变量来做最小二乘

---

① 使用的货币包括澳元(AUD),新西兰元(NZD),加拿大元(CAD),英镑(GBP),欧元(EUR),日元(JPY),瑞士法郎(CHF),丹麦克朗(DKK),瑞典克朗(SEK),挪威克朗(NOK),韩元(KRW),智利比索(CLP),共十二种。韩元的数据自2004年7月开始。

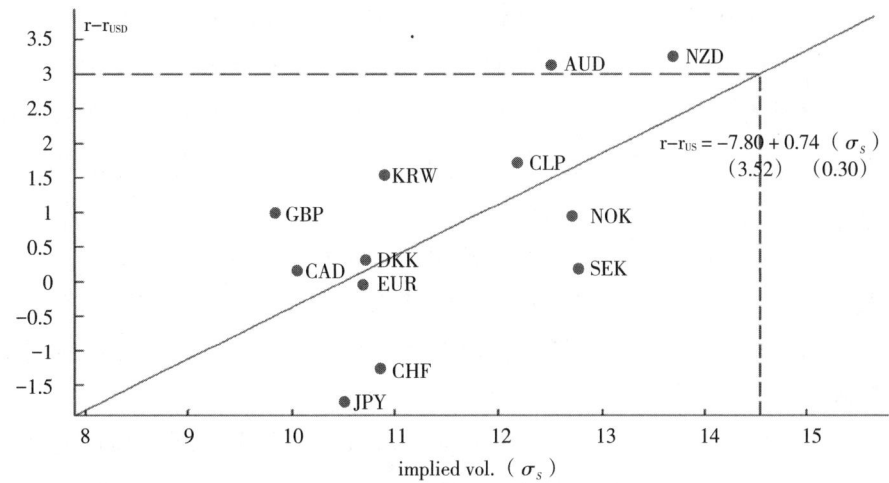

图5 跨国平均利差和汇率波动回归

回归估计。结果为：

$$r - r_{us} = -7.80 + 0.74\sigma_S$$
$$(3.52)\quad(0.30)$$

回归估计的斜率系数在5%的置信区间内显著。这意味着利差和汇率波动之间存在正相关性。

最后，假如中、美的名义利率的利差是3%。回归结果意味着年化的汇率波动幅度大概是14.5%。这意味着人民币对美元汇率的波动幅度每日需要在0.91%左右。

基于2011~2013年的人民币对美元的汇率波动幅度的数据，我们算出目前的年度波动性只有2.32%，或者说，日度波动性只有0.15%。上述分析意味着，为了利用汇率波动来遏制由利差引起的资本单向流入压力，人民币的汇率波动幅度需要上升至现有水平的5~6倍。逐渐扩大汇率波动区间也会引导投资者提高对人民币的汇率波动幅度的预期。

五、利率市场化、汇率浮动与资本账户开放的关系

从以上分析中我们可以看出：在利率市场化过程中，央行可以采取扩

大汇率波动幅度和出其不意干预汇率等手段来引导市场对未来汇率的预期。成功管理市场的汇率预期，就可以有效影响跨境资本流动和化解由利差引起的即期汇率的升值压力。自2014年2月中旬以来央行在这方面已经有了成功的经验。这说明利率市场化的完成并不是汇率改革和资本账户开放的先决条件。

从汇率和资本账户开放的关系来看，目前人民币有效实际汇率已经基本处于均衡水平，这意味着在目前的汇率水平下，中国的经常账户不会出现持续性的大规模顺差或逆差，持续的大规模资本流入或流出是没有基本面支持的，这也是央行可以进一步开放资本账户的基础。

其次，如果进一步开放资本账户是一枚硬币，汇率灵活性和跨境资本双向流动就是这一枚硬币的两面。一方面，只有当跨境资本双向流动达到一定规模后，外汇市场的价格发现功能才能正常发挥，才有反映市场供需的灵活汇率。另一方面，汇率有一定的波动幅度，才能让资本真正地双向流动起来，而不是形成单向的升值或贬值的预期。

此外，在实际的政策操作层面上来讲，央行还可以通过一些临时性的措施调节资本账户资金流向和成本，来应对可能由利率市场化带来的对汇率的冲击。例如，央行可以采取一些临时性的资本流入管理措施，对短期资本流入征收"托宾税"、要求上缴存款准备金等，增加套利资金成本，减缓资本流入。

在主要发达国家经济逐步复苏、货币政策恢复常态的环境下，应该适时改变一直以来实行的资本"宽进严出"的政策，创造宽松的政策环境支持居民与企业合理的对外投资需求。企业对外直接投资和风险分散型个人证券投资应该是现阶段资本项目进一步开放的重点。

最后，央行选择合适的时间窗口推出利率市场化，也会有助于防止短期跨境资本流入推高汇率。例如，当经济增长和通货膨胀有下行压力时，推出利率市场化措施，由于经济体中资金需求弱，利率市场化不一定带来名义利率上行，短期资本流入和汇率升值的基础也就不存在。

总之，利率市场化、汇率改革和资本账户开放这三项改革，完全有条件，也应该采取相辅相成、协同推进的策略。央行有足够政策工具和手段来应对改革过程中可能出现的跨境资本流动和汇率升值的冲击。从改革的一般规律来看，我们的判断基于如下逻辑：这三项改革是一个相互影响、相互制约的动态过程，任何一项改革都很难率先单独推进。如果坚持认为这三项改革必须有严格次序，我们最终可能会发现，在其他相关领域改革滞后的情况下，对某个单一市场的改革或者面临无法进行下去的困境，或者达不到最初的改革目的。

六、总　结

在利率市场化过程中，中国与主要发达经济体之间政策利率之间的利差有可能扩大。在利率市场化过程中，如何避免人民币持续升值？人民币汇率波动幅度达到多大时，才能有效缓解正利差带来的资本流入压力？本文从利率平价理论出发，通过分析利率平价理论成立的条件和央行有可能影响这些条件的方法，得出了如下结论：

（1）在利率市场化过程中，央行可通过扩大汇率波动幅度、对汇率市场进行不可预测的间歇性干预等方法合理引导汇率市场预期，对冲利率市场化可能带来的升值冲击。

（2）具体来说，根据其他浮动汇率货币的经验，人民币每日波动幅度的扩大（例如，对美元汇率的单日实际波幅维持在0.8%~1%之间），可以有效缓解正利差带来的资本流入压力。

（3）央行可以通过改变一直以来实行的资本"宽进严出"的政策，鼓励企业对外直接投资和风险分散型个人证券投资，引导资本账户资金流向和成本，让跨境资本真正地双向流动起来，来化解汇率升值压力，稳步推进利率市场化。

（4）利率市场化、汇率改革和资本账户开放这三项改革，完全有条件、也应该采取相辅相成、协同推进的策略。在这个过程中，央行有足够的政策工具和手段来应对改革过程中可能出现的跨境资本流动和汇率升值的冲击。

总体来说，作为一个需要有独立货币政策的大国，中国资金的价格应该从目前"利率波幅大、汇率波幅小"转向"利率波幅小、汇率波幅大"。

参考文献

何东，王红林，余向荣.中国利率何处去？[J].新金融评论，2013(6).

何东，王红林.利率双轨制与货币政策执行[J].金融研究，2011(12).

易纲.《中共中央关于全面深化改革若干重大问题的决定》辅导读本:扩大金融业对内对外开放[M].北京：人民出版社，2013:125～133.

周小川.新世纪以来中国货币政策主要特点[J].《新世纪》周刊，2012(46).

Alvarez, F., A. Atkeson and P. J. Kehoe. Money, Interest Rates, and Exchange Rates with Endogenously Segmented Asset Markets [J]. Journal of Polictial Economy, 2002,Vol 110,No.1.

Bacchetta, P., E. Mertens& E. van Wincoop.Predictability in Financial Markets: What Do Survey Expectations Tell Us? [C]. CEPR Discussion Papers 5770, C.E.P.R. Discussion Papers, 2006.

Bank of Internal Settlements . Triennial Central Bank Survey Foreign Exchange Turnover in April 2003: Preliminary Global Results [C]. 2013-9.

Baillie, R. T., R. E. Lippens and P. C. McMahon). Testing Rational Expectations and Efficiency in the Foreign Exchange Market [J]. Econometrica, 1983,51, 553-563.

Barker, W. .The Global Foreign Exchange Market: Growth and Transformation [J]. Bank of Canada Review,2007, Autumn:3-12.

Bekaert, G., R. J. Hodrick and D. A. Marshall."Peso Problem" Explanations for Term Structure Anomalies [C]. NBER Working Papers 6147, National Bureau of Economic Research, Inc,1997.

Brunnermeier, M., S. Nagel and L. Pedersen .Carry Trades and Currency Crashes [M]. in D. Acemoglu, K. Rogoff and M. Woodford, eds.NBER Macroeconomics Annual 2008. Vol. 23. University of Chicago Press,2008.

Burnside, C., M. Eichenbaum, I. Kleshchelski and S. Rebelo. Do Peso Problems Explain the Returns to the Carry Trade? [J]. Review of Fianncial Studies, 2011,24(3): 853-91.

Engel, C.Local-Currency Pricing and the Choice of Exchange-Rate Regime [C]. Discussion Papers in Economics at the University of Washington 0036, Department of Economics at the University of Washington,1999.

Fama, E.Forward and Spot Exchange Rates [J]. Journal of Monetary Economics, 1984(14): 319-38.

Frankel, J.andR.Levich.Transaction Costs and Interest Arbitrage: Tranquil versus Turbulent

Periods [J]. Journal of Political Economy,1977(85): 1209-26.

Froot, Kenneth A. & Jeffrey A. Frankel.Interpreting Tests of Forward Discount Bias Using Survey Data on Exchange Rate Expectations [C]. NBER Working Papers 1963, National Bureau of Economic Research, Inc,1989.

Froot, K. and R. Thaler. Foreign Exchange [J]. Journal of Economic Perspectives,1990(4): 179-92.

Grenville, S. . Central Banks and Capital Flows [C]. HKIMR Occasional Papers No. 4,2007.

Lewis, K.K. Changing Beliefs and Systemetic Forecasting Errors [J]. American Econoic Review, 1983(79): 621-36.

Lustig, H., N. Roussanov and A. Verdelhan. Common Risk Factors in Currency Markets [J]. Review of Financial Studies,2011,24(11):3731-77.

Lustig, H. and A. Verdalhan.Discussion of Carry Trades and Currency Crashes in D. Acemoglu, K. Rogoff and M. Woodford, eds [M]. NBER Macroeconomics Annual 2008. Vol. 23. University of Chicago Press,2008.

Osler, C. Foreign Exchange Microstructure: A Survey [M]. in B. Mizrach ed. Encyclopedia of Complexity and System Science. Vol. 10. New York: Springer Science & Business Media, 2008.

Peel, D. and M. Taylor . Covered Interest Arbitrage in the Inter- War Period and the Keynes-EinzigConjecture [J]. Journal of Money, Credit and Banking,2002,34(1):51-75.

Interest Rate Liberalization and Short-Run Dynamics of Capital Flows and the Renminbi Exchange Rate

HE Dong, WANG Honglin, LU Shangqin

(Hong Kong Monetary Authority)

Abstract: Interest rate liberalization implies that the conduct of monetary policy in China will be shifting to price-based tools and targets from quantity-based tools and targets. In this process, the interest rate differentials between China and major developed economies may widen, which may induce speculative capital inflows and appreciation pressures on the Renminbi exchange rate. This paper discusses the assumptions underlying the uncovered interest rate parity and the implications for capital flow and exchange rate management.

Our analyses suggest that as the Renminbi real effective exchange rate approaches its equilibrium, the central bank can manage market expectations of future exchange rate by increasing spot exchange rate volatility and engaging in unanticipated market interventions to break self-fulfilling momentums. Moreover, the authorities should further liberalize capital outflows by encouraging outward foreign direct investments and portfolio investments abroad by households for risk diversification purposes. In other words, two-way exchange rate volatility and two-way capital flows are two sides of the same coin. In general, as a continental-sized economy which should have its own independent monetary policy, prices of money in China should evolve from its current configuration of "volatile interest rates and stable exchange rates" to a future configuration of "stable interest rates and volatile exchange rates".

Keywords: Interest Rate Liberalization, Exchange Rate, Cross-border Capital Flows

【专题】

加快实现既定的人民币汇率形成机制改革目标

◎ 张　斌

摘要：自2005年7月21日中国人民银行发布完善人民币汇率形成机制改革的公告以来，人民币对美元的汇率水平保持了趋势性升值，人民币兑美元的波动幅度相对稳定。本书揭示了这两个特征背后的原因，分析了当前人民币汇率形成机制的主要缺陷，提出了进一步推进人民币汇率形成机制改革的方案。

关键词：汇率体制　均衡汇率　货币篮子

作者张斌系中国社会科学院世界经济与政治研究所全球宏观经济研究室主任。

中国人民银行在2005年7月21日宣布了关于完善人民币汇率形成机制改革的公告，公告明确提出了人民币汇率形成机制改革的目标和货币当局在汇率形成机制中的角色。公告指出，人民币汇率形成机制改革的目标是"建立健全以市场供求为基础的、有管理的浮动汇率制度"。货币当局的角色是"中国人民银行负责根据国内外经济金融形势，以市场供求为基础，参考篮子货币汇率变动，对人民币汇率进行管理和调节，维护人民币汇率的正常浮动，保持人民币汇率在合理、均衡水平上的基本稳定，促进国际收支基本平衡，维护宏观经济和金融市场的稳定"。

上述公告内容成为人民币汇率形成机制改革的指引。在接下来近十年的历程中，人民币汇率水平出现了显著的调整，人民币兑美元汇率和人民币有效汇率保持了升值趋势，这对改善资源配置、促进国际收支基本平衡和减少宏观经济和金融市场的不稳定压力发挥了重要的作用。但是人民币汇率形成机制距离当初制定的"建立健全以市场供求为基础的、有管理的浮动汇率制度"目标还有明显差距，这个差距对中国的经济结构转型和宏观经济稳定构成了威胁。进一步推进人民币汇率形成机制改革，加快实现既定的人民币汇率形成机制改革目标，在新的经济形势下依然迫切。

下文分三个部分展开讨论。第一部分讨论当前人民币汇率形成机制的特点。第二部分讨论当前人民币汇率形成机制的主要缺陷。第三部分讨论如何进一步推进人民币汇率形成机制的改革。

一、当前人民币汇率形成机制的特点

与大规模的成熟市场经济体相比，当前人民币汇率形成机制的最大特点或者说最大区别是，官方干预色彩太浓，甚至是官方主导了人民币汇率定价。长期以来，货币当局通过买入或卖出外汇以及通过中间价管理等方式，确定人民币汇率价格。无论是在境内还是在境外的人民币市场，市场主要参与者在绝大多数时间里都唯货币当局的人民币汇率调控

【 专题 】

思路马首是瞻。长期频繁地干预外汇市场，解释了中国绝大部分外汇储备规模的增长，如此巨大规模的外汇储备积累同时也证明了官方干预的严重程度。

货币当局的外汇市场干预主要参考三个因素：均衡汇率、篮子汇率和上一个交易日的汇率。这三个因素来自于2005年7月21日确立的人民币汇率形成机制改革方案。这个方案指出，货币当局实现汇率改革目标的手段和操作目标是"以市场供求为基础，参考篮子货币汇率变动……保持人民币汇率在合理、均衡水平上的基本稳定"。按照笔者的理解，这段话分别对应了官方调节人民币汇率的三个参照指标：①均衡汇率；②篮子汇率；③上一个交易日的人民币/美元外汇中间价。这三个参照指标分别对应相应的目标：趋近均衡汇率有助于促进中期外汇市场的供求平衡，在公告中对应的目标是国际收支稳定；稳定篮子汇率有助于促进出口价格稳定和进口成本稳定，在公告中对应的目标是宏观经济稳定；保持人民币/美元汇率稳定有助于降低汇率风险，在公告中对应的目标是金融市场的稳定。

在具体操作中，三个参照指标之间存在冲突，货币当局谋求三者之间的平衡。在多数情况下，这三个目标对人民币汇率变化的指向并不一致。如果完全实现贴近均衡汇率的目标，人民币会相对于一篮子货币大幅升值，每个交易日的价格可能有较大波幅；如果完全按照对篮子货币稳定确定外汇中间价，就不得不放弃均衡汇率目标，而且美元/欧元/日元等主要货币在其汇率大幅变化的时候，也会引起人民币外汇中间价较上一个交易日的大幅变化；如果完全考虑外汇中间价稳定，从汇率形成机制上看，前面两个目标就无从谈起。给定三个经常会面临冲突的目标，货币当局必须在三者之间权衡。

人民币对美元汇率稳定被置于最突出的位置上，其次才是实现均衡汇率的目标。2005年以来，人民币/美元汇率在多数时间保持了持续渐进、持续升值的趋势，在金融危机期间保持稳定。由此判断，人民币/美元汇率的相对稳定在货币当局的外汇市场干预中处于最突出的位置，与此相关的另一个有力证据是，为了保持人民币/美元汇率的相对稳定引起的巨额外汇占款和外汇储备积累。人民币/美元汇率的升值趋势，表明货币当局的外汇市场干预顺应于市场供求变化的大方向，货币当局希望人民币汇率从趋势上朝着均衡汇率靠拢。相对篮子货币保持稳定汇率的目标没有特别突出的位置。尽管货币当局在确定人民币汇率价格的时候可能会参考世界其他主要货币之间的汇率变化，并采取相应行动，但是从人民币名义有效汇率波动并不小于其他国家的名义有效汇率波动这一事实来看（见表1），人民币对篮子汇率的相对稳定在货币当局对人民币汇率的干预政策中没有被置于突出位置。

二、当前汇率形成机制的缺陷

（一）不能促进外贸稳定

中国对外贸易的对象，不只限于美国，而是全世界。影响中国对外贸易的汇率，不是人民币对美元的双边汇率，而是人民币对诸多贸易伙伴的货币的篮子汇率。在2008年全球金融危机前后，尽管人民币对美元汇率相对稳定，但是人民币篮子汇率从2007年12月的90.4上升到2008年11月的106.3，一年的时间里升值了16%，看似稳定的汇率形成机制在关键时刻没能起到稳定对外贸易和投资的作用。1994~2012年，实施宽幅波动的新加坡元的篮子汇率波动最小，人民币汇率与实施浮动汇率体制的美元、欧元、印度卢比等货币的篮子汇率波动相仿，日元与韩元篮子汇率波动较大（见表1）。

（二）威胁宏观经济，并可能埋下金融市场动荡的隐患

官方定价的基础是货币当局持续的购买外汇。货币当局购买外汇的同时也投放了相应的人民币基础货币。从2003年年初至2012年年底，累计外汇市场干预带来的人民币基础货币投放超过21.6万亿元，远远超出了基础货币投放的需要。目前的情况没有出现根本变化。2013年1~9月，

【 专题 】

外汇市场干预带来的基础货币投放增长超过2万亿元。被动的基础货币投放，严重挑战了货币政策的独立性，威胁了宏观经济和金融市场的稳定，为通货膨胀和资产价格泡沫的产生提供了温床。

（三）难以避免汇率低估或高估对实体经济带来的伤害

当前由货币当局主观意识决定的人民币汇率价格水平很难避免犯错，难以在制度层面避免由于汇率低估或者高估对实体经济和金融体系带来的伤害。2008年全球金融危机以后，随着中国出口增速和经常项目余额锐减以及人民币对篮子货币的快速升值，越来越多的人担心人民币汇率被高估，这种担心在近期内未必符合现实。但如果继续保持现有的汇率形成机制，市场自身平衡供求的力量就会被弱化，人民币汇率被高估或低估的风险也会同时存在，可能带来严重的不利后果。

（四）成为诸多金融领域改革和发展的瓶颈

资本项目管理改革、人民币国际化、国际金融中心建设是三位一体的改革，其核心内容是进一步放松对资本流动的限制。过去多年的国内经验表明，在人民币对美元汇率只升不跌的管制汇率下，放松资本流动管制会招致大量资金套取人民币对美元单边升值带来的价差，这些资金流动加剧了对国内宏观经济和金融市场稳定的威胁（Yu, 2012）。国内外学术界和国际货币基金组织普遍建议，中国进一步的资本项目管理改革应该建立在市场化的汇率形成机制的基础之上。除此以外，国内的利率体系市场化、企业海外投资、外汇储备投资管理，以及"藏汇于民"或者是"还汇于民"等诸多其他领域的改革也不同程度地受到当前汇率形成机制的制约。

近期，货币当局采取了非常规的手段使人民币贬值，并进一步扩大了人民币的日波幅，但这些措施还不足以实现既定汇率形成机制改革目标。人民币单边升值预期下的套利资金流入不仅给货币政策操作带来巨大压力，也埋下了巨大的风险。在货币当局的有意干预下，人民币汇率与外汇市场短期内的供求关系背道而驰,连续贬值①。此举让套利资金赔了钱,市场上对人民币只升不跌的顽固预期有所分化。这是一次非同寻常的尝试。至少在短期内,货币当局干预下的人民币贬值对驱赶套利资金离场发挥了显著作用。

但是上述做法不足以帮助实现既定的人民币汇率形成机制目标。首先,这些调整并不能从机制上保障货币当局降低对外汇市场的干预力度,不足以实现以市场供求为基础的人民币汇率形成机制。如果货币当局还在频繁地干预市场,即便是扩大人民币的日波幅也不意味着市场供求力量发挥了决定人民币汇率价格的基础性作用,也不能必然使人民币朝着均衡汇率方向靠拢。其次,篮子货币作用也没有得到体现。

更令人期盼的是另一种可能。货币当局在驱赶了套利资金,让即期和远期结售汇头寸趋于平衡以后,应该引入新的人民币汇率形成机制。人民币对美元的小幅渐进升值不可行,人民币渐进贬值不可行,人民币钉住美元也不可行,这些汇率形成机制本质上都要求大量的外汇市场干预,不仅不能发现合理的汇率价格,还会招致短期资本的大进大出。人民币汇率的完全自由浮动也不可行。中国目前的市场发育程度不高,很小的冲击就能给宏观经济运行带来显著的负面影响。当前国际货币体系严重缺乏公共规则,大国经济政策的外溢性非常突出且没有补偿措施。这种背景下,如果采取人民币汇率的完全自由浮动体制,汇率可能会面临异常频繁的剧烈波动,不利于实体经济。既然上述方案都不可行,剩下来的就只能是人民币汇率在宽幅区间的波动,这是迈向自由浮动汇率

---

① 从2014年2月下旬到3月初,人民币对美元出现了出人意料的显著贬值。多方面证据表明,至少是初期的贬值与央行的行动有关。以往的人民币贬值多是国际环境变化带动的离岸人民币贬值,然后是在岸人民币贬值。而该次人民币贬值,始于在岸市场,离岸市场变化滞后于在岸市场。这说明,该次贬值是因为在岸市场的外汇供求关系发生了逆转。在岸外汇需求突然大幅增加造成的人民币贬值,伴随着在岸央行购汇量的增加(央行不发布高频率的外汇占款数据,但是央行更多的外汇市场干预会带来人民币投放增加以及由此引起的人民币利率下降,可作为间接证据;2月份外汇占款增加可作为事后来看的直接证据)。这说明,央行在市场购入外汇,在人民币贬值中发挥了关键性作用。

【专题】

形成机制的过渡阶段。下面重点讨论实施人民币汇率宽幅波动的建议。

三、实施人民币汇率宽幅波动的建议

该方案具体内容包括以下几个要点：①保持人民币对美元汇率当前的日波动幅度；②明确宣布人民币汇率波幅实施年度波幅上下限管理，人民币对一篮子货币加权汇率每年波动幅度不超过上下7.5%；③当且仅当人民币对一篮子货币的加权汇率突破年波幅7.5%的时候，货币当局才通过量价配合的方式干预外汇市场。除此以外，人民币汇率完全由市场供求自发决定。与当前人民币汇率形成机制相比，这个方案的主要特点是货币当局对外汇市场的干预从常态现象变为例外现象，市场供求力量在汇率形成机制中能发挥更突出作用，同时也兼顾了篮子汇率稳定。

设定上下7.5%的波幅主要是出于四个方面的考虑。第一，波幅太小，给市场留下的空间太小，不能真正发挥市场供求的决定性力量。第二，波幅太大，可能会带来汇率超调，对实体经济带来不必要的伤害。第三，我国曾多次经历人民币对篮子汇率年升值超过7.5%的冲击（2008、2009、2010、2012、2013等年份中共计16个月的年累计升值超过7.5%），影响可控。第四，上下波幅7.5%的明确宣示，会引导市场参与者的预期，促使汇率在这个目标区间内波动。给定货币当局足够的政策手段和外汇储备规模，货币当局有足够的可信度让市场相信这个承诺。学术界关于汇率目标区的相关研究表明（Krugman, 1991），在满足货币当局承诺可信度的基础上，汇率会在汇率目标区间内相对平滑地波动。与缺少汇率上下限目标相比，使用汇率上下限有助于引导市场预期，平抑价格波动。特别是在当前国际金融依然处于不稳定局面，全球主要经济体纷纷采取量化宽松的背景下，设定汇率上下波动目标，有助于抵御冲击并减少汇率的过度波动。

表1对比了1994～2012年人民币汇率形成机制下的真实有效汇率波动状况与新加坡元、美元、日元、欧元、韩元、印度卢比、墨西哥比索等

实施不同类型汇率制度国家的货币的真实有效汇率波动状况。我们发现，实施类似BBC（Basket，Band，Crawling；篮子、区间与爬行）汇率制度的新加坡元的真实有效汇率波动最小。尽管中国对人民币汇率实施了大量的干预，但是人民币真实有效汇率指数的波动幅度与采取浮动汇率体制的美元、欧元以及印度卢比大致持平，并且小于日元、韩元、墨西哥比索的波动幅度。这个对比说明，频繁干预外汇市场并不必然比浮动汇率体制带来更加稳定的真实有效汇率，因此也不能起到减少汇率冲击的目的。如果中国转向市场导向的、更加灵活的人民币汇率形成机制，人民币真实有效汇率的波幅即便会有所提高，提高的幅度也将会很有限，其对实体经济的冲击也会相对有限。

这个方案较目前人民币汇率形成机制的主要优点有以下几个方面。

第一，操作简单、易行。货币当局只是充当救火员的角色，只有在某些特定情况下，才出手干预外汇市场，而在绝大多数情况下，汇率由市场供求自发决定。

第二，能活跃外汇市场交易，合理反映市场供求，进一步贴近均衡汇率。在绝大多数情况下，由市场供求决定的交易价格降低了由频繁干预带来的风险和不确定性，同时也带来了新的赢利机遇，这会激发市场交易热情。更重要的是，外汇供求预期不再频繁受到外汇市场干预的影响，有利于更加合理、充分地反映市场供求关系，进一步贴近均衡汇率。

第三，能更充分地利用汇率价格杠杆调节市场供求，进而起到促进国际收支基本平衡、宏观经济稳定和优化实体经济资源配置的作用。这一点在过去货币当局的各种发言中和在学术界中已经有比较充分的讨论，这里不再赘述。值得特别强调的是在中国经济进入结构转型期后，保持

表1 真实有效汇率指数连续12个月的滚动标准差均值

（样本区间：1994年1月至2012年12月）

人民币	新加坡元	印度卢比	美元	欧元	韩元	日元	墨西哥比索
2.27	1.20	2.01	2.23	2.34	3.99	4.09	4.25

资料来源：作者根据BIS数据计算得到。

市场化的汇率形成机制是实现国内工业部门与服务业部门之间资源合理配置的关键依托,也是实现工业部门内部优胜劣汰、产业升级的关键依托。

第四,能为国内金融体系改革、人民币国际化、资本项目渐进开放奠定更好的制度环境。只有更加彻底地推进汇率市场化改革,才能推动以下几个方面的进展:①使货币当局的政策独立性得到根本保障,减少利率市场化改革的制约因素;②使在岸与离岸市场人民币汇率进一步靠拢,减少由于货币当局干预带来的政策套利空间,减少境外人民币需求的泡沫因素,使人民币国际化之路更加平衡、可持续;③使市场供求决定的人民币汇率自发地形成人民币双向波动预期,从而更加合理、真实地引导和反映居民和企业对外汇资产的需求,资本项目交易本身也会因为在更加合理的价格上成交而提高效率。

第五,能赢得国际社会的欢迎,有助于减少贸易摩擦。在新的汇率形成机制下,国际收支格局有望从双顺差转向经常项目顺差与资本项目逆差的组合,即便在没有外汇市场干预的条件下,中国的经常项目还会在未来几年内保持顺差。一旦人民币开始真正意义上的自由浮动,中国就很有可能面临资本项目逆差。一方面,长期以来的人民币汇率稳中有升预期严重阻碍了国内居民部门持有外汇资产,而当人民币实现真正意义上的自由浮动以后,这部分需求会以居民部门外汇存款增加的方式释放出来。另一方面,在长期以来的人民币汇率稳中有升的预期背景下,企业不得不持有相当规模基于人民币升值预期的、以套利为目的的外债,而在人民币实现真正意义上的自由浮动以后,这部分外债的规模会下降。

人民币汇率上下波幅7.5%的方案虽然较目前人民币汇率形成机制有显著的优势,符合中国宏观经济稳定和改善经济结构的中长期利益,但不能不考虑迈向这个新方案过程中的过渡成本。实施新方案过程中的最大担心是两种极端情景:一种是在新的汇率形成机制下,人民币迅速升值,逼近上下波幅7.5%的下限;另一种是人民币迅速贬值,逼近上下波幅7.5%的上限。因此,需要对出现上述两种情景的可能性与成本进行细致分析。

极端情景1 人民币迅速升值，逼近波幅上限

这种情景有可能出现。在短期内，在外部环境和国内政策（特别是资本项目管理政策）没有显著变化的情况下，经常项目和资本项目顺差的压力还都在，人民币汇率很可能会因为放松管制而持续升值。因此，不能排除人民币汇率出现远大于7.5%的升值幅度的可能性。

在这种市场基本面下，上下波幅7.5%的人民币汇率形成机制会退化为近似于人民币升值以后重新钉住的汇率形成机制，货币当局的外汇市场干预还需重新介入。与当前汇率形成机制相比，这种情景的优点在于，升值后的人民币汇率更加贴近让市场供求基本平衡的均衡汇率水平，人民币价格水平更加合理并因此能更有效地促进资源配置，未来的人民币汇率市场化改革也会更加容易。其主要的成本是汇率较快升值可能会对短期内的出口造成负面冲击。中国经济在2014年的面临的外部环境要好于2013年，发达国家的经济复苏更稳健，全球制造业和贸易复苏的趋势也更加明显（IMF，2014）。在这种环境下，汇率升值对短期内出口和经济增长带来的负面冲击将得到一定程度的缓解。需要看到，即便是对短期而言，人民币升值带来的也不仅仅是对出口的负面影响，人民币升值带来的进口成本下降也会有利于改善国内的供给面，有利于降低服务业投资和某些产业升级的成本，也有利于抑制国内通货膨胀。

极端情景2 人民币迅速贬值，逼近波幅下限

这种情景也不能排除。在人民币稳中有升的预期消失以后，居民部门持有的外汇存款会上升，而企业部门会减少基于套利的外债规模，这些都会增加外汇市场需求。如果同时还出现美元走强和国际资本回流的外部环境，外汇市场需求会进一步增大。

如果出现这种情景，上下波幅7.5%的人民币汇率形成机制会退化为近似于人民币贬值以后重新钉住的汇率形成机制，货币当局需要再次介入对外汇

【专题】

市场的干预。不过，我们无须过度担心这种局面。如果真的出现这种局面，这说明，人民币汇率被高估，人民币贬值是合理的纠正，不仅短期内的出口和经济增长会从中受益，藏匿的金融市场风险也因此会被提前化解。这恰恰是扩大汇率浮动区间的魅力所在。

扩大人民币汇率波动幅度是完善人民币汇率形成机制的必要组成部分之一，进一步地有序调整资本项目管理和培育外汇市场也很重要。后者的作用是更加充分、真实地反映私人部门的外汇供求，这同样是形成合理汇率水平的基础。从中长期来看，只有实现了汇率浮动、资本项目基本开放和外汇市场的充分发展，人民币汇率形成机制改革才算完成。

在改革次序上，扩大人民币汇率波动幅度应该处于首要位置，资本项目管理改革应该排在后面。这样的排序有两个优点。其一，在扩大人民币汇率波动幅度以后，市场会自发地纠正由价格扭曲带来的短期资本套利行为，有利于更加合理地反映资本项目下的外汇供求关系。正如我们前面提到的，在没有人民币汇率稳中有升预期的前提下，企业会减少基于人民币稳中有升预期的外债积累，同时家庭部门会在资本组合配置过程中增加外汇资产的比重，资本项目下的供求关系得以更加合理的体现，而且这也降低了风险。其二，资本项目管制在面临重大外部冲击的时候，还能扮演防火墙的角色。如果将扩大人民币汇率波动幅度和放松资本项目管制改革的顺序反过来，结果可能是受到严重干预的人民币汇率形成机制会刺激投资者利用放松资本项目管制的机会，进行更大规模的套利行为。2011年，人民币跨境贸易结算后引发的相关资本流动就是典型的例子，限于篇幅这里不再赘述，有兴趣的读者可参见笔者此前关于这个问题的研究（张斌、徐奇渊，2012）。

人民币对篮子货币宽幅波动的汇率形成机制，能最大限度地落实此前提出的汇率形成机制改革目标，应优先予以推进。2005年7月以来的实践表明，以官方主导定价、人民币对美元稳中有升两大事实为特征的人民币汇率形成机制，虽然帮助人民币贴近了均衡汇率，但还远不足以实现此前提出的汇率形成机制改革目标。以市场供求为基础、参考一篮子货币、维护宏观经济和金融市场稳定等几项关键目标都没有落到实处。通过引入人民币对篮子货币宽幅波动的汇率形成机制，不仅能更多发挥市场供求力量，而且有利于稳定篮子汇率，进而起到优化经济结构、为国内货币政策独立性以及诸多金融市场化改革松绑的目的。综合来看，加快汇率形成机制改革，是成本低、收益高的改革，而且符合国际公认的改革优先次序，应优先予以推进。

【 专题 】

How to Achieve the Targets of RMB Exchange Rate Reform

ZHANG Bin

(Institute of World Economics & Politics, Chinese Academy of Social Sciences)

Abstract: Since People's Bank of China made announcement on reform of the mechanism for setting the RMB exchange rate in July 21, 2005, RMB/USD rate has been featured by long term appreciation trend with limited volatility. In this paper, we explore causes of those two features; analyze major shortcomings of current RMB exchange rate regime; and propose a new mechanism for RMB exchange rate formation.

Keywords: Exchange Rate Regime, Equilibrium Exchange Rate, Currency Basket

利率市场化改革与银行利差

◎ 高善文

摘要： 本文简单介绍了中国利率市场化改革进程和当前的利率市场化状况，并以贷款利率放开、存款利率管制为前提，构建了一个简单的利率市场化模型。模型暗示，假定银行信贷需求和信贷结构不变，管制放开将带来银行存款利率的上升、存款数量的增长、贷款利率的下降以及银行利差的收窄。以对保本理财市场和大额协存市场利率数据的观察为基础，并考虑货币基金发展对银行资金成本的影响，本文粗略估计，利率市场化也许使银行利差收窄100BP左右。

关键词： 利率市场化改革　金融抑制　银行利差收窄

作者高善文系安信证券首席经济学家。

【专题】

一、利率市场化改革进程及现状

首先，我们简单回顾中国利率市场化改革进程，简要介绍中国利率市场化现状。

(一) 利率市场化改革进程

过去20多年，中国人民银行基本上遵循先外币后本币、先贷款后存款、先长期大额存款后短期小额存款的经验路径，逐步地推进利率市场化改革并取得了显著进展（见表1）。

境内外币存贷利率的市场化改革在2000~2004年快速完成，目前仅部分外币的小额短期存款利率上限未放开。上海自贸区近期推出了外币存贷利率完全放开的试点。

银行间市场上，同业拆借利率在1996年放开，债券回购业务在1997年启动并放开利率。

金融机构同业存款利率在2005年3月放开，由双方协商确定。同业存单于2013年12月开始试点。

中国债券发行接近完全的市场化定价，仅企业债发行利率上限、短融中票发行下限仍然受到一些指导。

人民币贷款利率在2004年10月上浮放开，下浮受限。随后几年下浮限制逐步放宽。截至2013年7月，住房按揭以外的人民币贷款利率全面放开。

人民币存款利率下浮放开，上浮受限，离完全放开尚有距离，是利率市场化改革的最后一环。人民币存款中，仅保险公司、社保基金等机构在商业银行的大额协议存款采用市场化方式定价。在接下来的分析中，我们将看到，大额协存市场虽然规模不大，但对研究金融抑制有重要价值，值得留意。

根据监管层释放的信息，人民币存款利率也许能够在未来一两年内完全放开。改革路径也许是，放开大额存款利率（例如，推出大额可转让存单）、

表1 利率市场化进程

银行间同业拆借市场	从20世纪80年代到90年代早期	同业拆借利率上限管理
	1996年6月	利率完全放开
金融机构同业存款市场	2003年之前	执行存款准备金利率
	2003年12月	不超过超额准备金存款利率
	2005年3月	同业存款利率由交易双方协商确定
	2013年12月	同业存单试点
银行间债券回购市场	1997年6月	业务启动,利率放开
债券发行市场	1996年	财政部首次在交易所市场化发债
	1998年8月	国家开发银行首次在银行间市场化发债
	1999年10月	财政部首次在银行间市场化发债
	最新情况	基本实现市场化发行,仅企业债和短融中票的发行利率有一定的上下限管制或指导
境内外币贷款	2000年9月	完全放开
境内外币存款	2000年9月	300万美元(含300万美元以上)的大额外币存款利率放开
	2003年7月	小额外币存款利率管制币种由7种减少为4种(美元、欧元、日元、港元)
	2003年11月	小额外币存款利率下限放开
	2004年11月	1年期限以上小额外币存款利率完全放开
	2014年3月	上海自贸区试点外币存款利率完全放开
人民币贷款	1998年10月	小企业贷款利率可上浮20%,大中企业可上浮10%
	2004年1月	贷款利率可上浮70%,下浮10%,不分所有制和规模
	2004年10月	贷款利率上限基本放开,下浮10%
	2012年6月	贷款利率上限放开,下浮20%
	2012年7月	贷款利率上限放开,下浮30%
	2013年7月	按揭贷款以外,贷款利率上下限全部放开
人民币存款	1999年10月	中资保险公司大额协存利率放开
	2002~2003年	大额协存存款人范围扩大至社保、邮储
	2004年10月	存款利率下限放开,不能上浮
	2012年6月	存款利率下限放开,上浮10%

资料来源:作者整理。

【 专题 】

放开小额定期存款利率，最终放开活期存款利率。存款保险制度可能很快出台，各方对中小银行兼并重组机制的讨论也在增多。

（二）利率市场化现状

我们以央行编制的全国性大中小型银行信贷收支表及其他相关材料为基础，分析当前银行各类资产负债业务的市场化程度（见表2）。

2013年年底，在银行表内资产端，贷款业务（57.0%）、有价证券和股权投资（22.1%）、同业业务（6.5%）合计占比约为86%，这部分资产基本实现了市场化定价。剩下14%左右的准备金存款，利率则受到央行的控制。

如果将余额近10万亿元的银行表外理财资金（见图1）也当作银行资产业务考虑进来，那么合并来看，在广义的资产端，市场化定价资产占到了90%，利率受管制的准备金资产占比为10%。

需要注意的是，准备金存款利率属于政策利率，不属于利率市场化改革的范畴。因此，在银行资产端，利率市场化改革的任务实际上已经完成。

表2 中资全国性银行表内业务利率市场化现状（2013年年底数据）

	额度（万亿元）	占比（%）	是否市场化
资产类科目：			
各项贷款	57.8	57.0	是
有价证券及投资	22.4	22.1	是
准备金存款	14.6	14.4	-
同业往来（运用）	6.6	6.5	是
运用合计	101.5	100	近85%利率市场化
负债类科目：			
各项存款	80.7	79.5	很小一部分
其中：企业活期	16.9	16.7	否
企业定期	12.5	12.3	很小一部分
储蓄存款	33.3	32.9	否
发行金融债券	10.3	10.1	是
向中央银行借款	0.5	0.50	-
同业往来（来源）	10.2	10.0	是
其他	-0.18	-0.18	-
来源合计	101.5	100	近20%利率市场化

资料来源：中国人民银行。

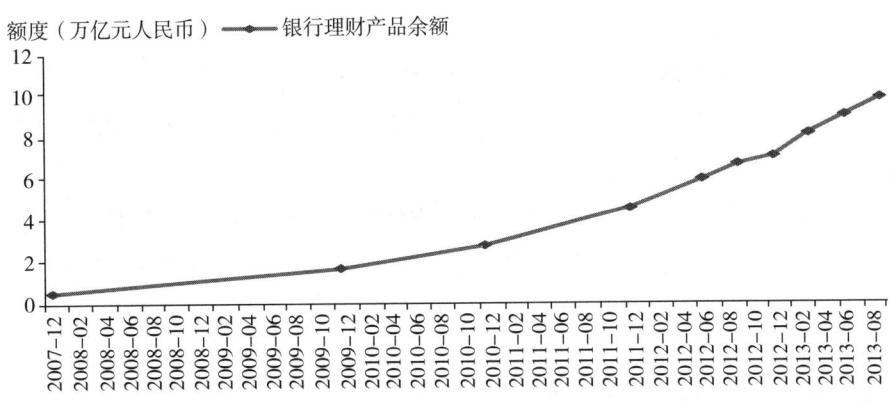

图1 银行理财产品余额

资料来源：Wind，安信证券。

在银行表内负债端，市场化定价产品与利率受管制产品近"二八开"。债券发行融资、同业负债合计占比为20%，这部分已经实现了利率市场化，而占比近80%的一般存款利率仍然受到比较严格的管制。如果将表外理财资金考虑进来，那么在广义的负债端，市场化定价产品的占比近30%，与利率受管制产品"三七开"。

"三七开"的格局意味着在银行负债端，利率双轨运行。过去几年，利率双轨运行显著地刺激了企业和住户部门的套利，刺激了商业银行规避表内监管拓展表外业务，而正是这些活动极大地推动了整个金融体系的创新和金融产品的丰富，影子银行体系、互联网金融也在这一浪潮中快速发展并壮大起来。

二、利率市场化模型

(一)模型构建

为了避免不必要的复杂，使模型尽可能地简单，我们做出一些前提假定。首先，我们假定银行存款利率受到管制，管制利率低于市场均衡水平。

【专题】

这与当前现实应该是基本吻合的。

其次,银行将吸收的存款全部投放到信贷市场,信贷市场利率不受管制。这里存在一些简化,忽略了准备金等要求。信贷市场利率不受管制的假设很关键,也基本符合现实。

最后,假设除银行以外,不存在替代性的、不受管制的金融体系。这是高度简化的假设,但考虑到银行体系的庞大规模,基本上是可以接受的。

图2描述了存款利率管制背景下,银行体系资金的来源和运用。

图2中S是银行存款的供应曲线。银行存款利率越高,企业和住户愿意持有的银行存款量越大,S曲线向右上方倾斜。

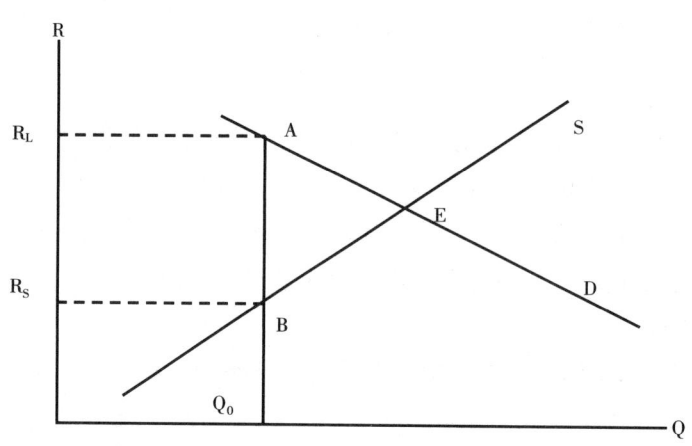

图2 银行体系资金供求

资料来源:安信证券。

这里需要补充说明的是,人为压低银行存款利率,给微观经济个体的资产配置行为带来什么影响,在宏观层面上会造成什么损失。

我们知道,企业和住户的储蓄资源除了存放银行获得利息收入,还能够以现金、存货、耐用品、土地、房地产、贵金属等多种方式保存起来,以实现保值增值的需要。当银行存款利率被人为压低,企业和住户就会倾向于配置更多的现金和实物资产。

银行动员储蓄存款是有成本的，例如，需要部署营业网点、配备人员；企业和住户持有实物资产的成本可能更高，如存储和维护费用。这意味着人为压低存款利率，使企业和住户持有过多实物资产，从宏观层面来看，会造成额外的交易费用。

比储蓄资源浪费更重要的，也许是企业和住户持有现金和实物资产的机会成本。这部分储蓄资源没有被动员到最有效率的用途、最富生产性的方向上，在一定程度上降低了实体经济运行的效率。从这一意义上说，消除存款市场上的金融抑制，有利于改善资源配置，提升经济运行效率。

图2中D是实体经济对银行贷款的需求曲线。贷款利率越高，实体经济愿意借入的贷款资金量越少，因此D曲线向右下方倾斜。

给定管制的存款利率R_S，银行体系能够动员的存款量是给定的，即对应图2中的Q_0。若信贷市场不受管制，银行将给定的规模为Q_0的存款资金以市场化定价的方式投放到信贷市场，从而形成均衡的贷款利率R_L。银行获得利差R_L-R_S。这就是现实条件下中国银行体系运作的一个近似。

(二) 模型推论

在这一模型的基础上，我们可以推演存款利率放开的影响（见图3）。

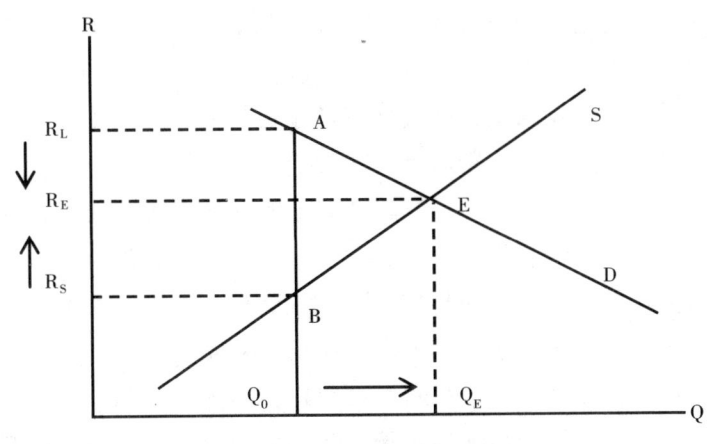

图3 存款利率市场化的影响

资料来源：安信证券。

【 专 题 】

　　如果一夜之间，银行存款利率放开管制，这将导致存款利率迅速上升。这一点在直观上很容易理解，也是市场上大多数研究分析认同的结果。

　　给定短期内实体经济的信贷需求和银行贷款投放结构，在存款利率上升以后，银行会获得更多的存款资金，贷款市场上可供投放的资金量也因此更大，这将驱动贷款利率下行。存款利率放开以后，贷款利率不升反降，是这一模型最为惊人和最为反直觉的推论。

　　贷款利率的下降和存款利率的上升会使银行利差收窄。在不考虑银行运营成本的情形下，均衡的存款利率等于均衡的贷款利率，银行利差下降为0。

　　对存款利率放开，市场上有一种比较流行的、直觉上也非常自然的看法。持有这一看法的人士认为，管制的存款利率是整个利率体系的"压舱石"。所谓的"压舱石"，是指一旦存款利率管制放开，短期内，银行存款利率和贷款利率都将大幅度上升，企业和住户获得更高利息收入的同时，不得不忍受更高的贷款成本。

　　那么模型推论与流行看法相反的原因是什么？我们认为有三点：

　　第一，一般的分析简单地认为，存款利率上升以后，银行为了维持利润，能够很便利地转嫁资金成本，提高贷款利率，但这实际上是缺乏微观理论基础的。

　　在模型中，贷款利率早已实现市场化定价，其均衡水平由银行动员的存款数量和实体经济的信贷需求共同决定。

　　放开存款利率管制以后，存款利率上升，银行体系动员的存款数量增长，这是显然的。但我们并没有很强的理由认为，存款利率放开以后，实体经济的信贷需求曲线会明显扩张。存款数量和可贷资金的增长，将驱动贷款利率下行，从而使银行体系没有转嫁资金成本的能力。

　　存款利率放开以后，银行利差受到贷款利率下降和存款利率上升的双重压力。短期内，银行只能被动承受利差的收窄，很难通过提升贷款利率或大力度调整业务结构的方法恢复利润。

第二，模型中，存款利率管制放开，带来银行存款数量上升，进而驱动信贷利率下行，这样一种传导路径在理论上是正确的，但现实中，它很容易被掩盖。

例如，当存款利率市场化改革遭遇实体经济信贷需求猛烈上升或银行信贷投放结构剧烈调整的时候，我们一方面看到市场化改革带来的存款利率上升，另一方面看到与此相伴随的贷款利率的上升，以至于一些研究者混淆了因果关系，得出存款利率放开推升贷款利率的结论。

第三，一些国家存贷款利率的放开差不多同时进行，这确实会带来短期内存贷款利率的同时上升。但这与中国先完全放开贷款利率、再渐进放开存款利率的利率市场化路径是不同的，不宜简单类比。

实际上通过这一模型，我们还能够很容易地理解，为什么虽然经济周期是上下波动的，但中国的银行业在过去七八年的时间里总能维持非常高的净资产回报率，基本的原因是贷款利率完全放开，而存款利率受到管制、低于均衡水平，银行体系因此获得过渡性高利差。存款利率市场化的逐步推进，使银行利差受到冲击，直到其成功地调整业务结构。

三、利率市场化改革对银行利差的影响

当前存款市场上金融抑制的程度有多深？均衡的存款利率在哪里？利率市场化对银行利差的影响有多大？

我们在这里试图提供一些不一样的估算方法，力求为这些问题的研究提供一些有启发性的思考。

（一）保本型理财产品市场与大额协议存款市场

在银行负债方业务中，有两个子市场非常值得注意。

第一个子市场是保本型理财产品市场。

保本型理财产品大多数期限在6个月以内，受到银行信用担保，几乎不存在本金损失风险，其各方面属性与银行短期限定期存款非常接近，两者之

间具有高度的替代性。两者之间的不同之处在于：其一，理财产品发行利率是由市场决定的，而定期存款利率受到管制；其二，理财产品属于商业银行表外业务，定期存款属于商业银行表内业务，在监管上存在很大差异。

图4显示，2010年上半年之前，3个月保本理财与3个月银行定存利差平均值在63BP，但2010年下半年之后，利差波动的中枢出现了非常显著的抬升，平均值上升了71~134BP。选择不同的时间段，对平均值数字会产生一些影响，但无论怎样截取，最近三四年利差水平大幅抬升的趋势是非常明显的。

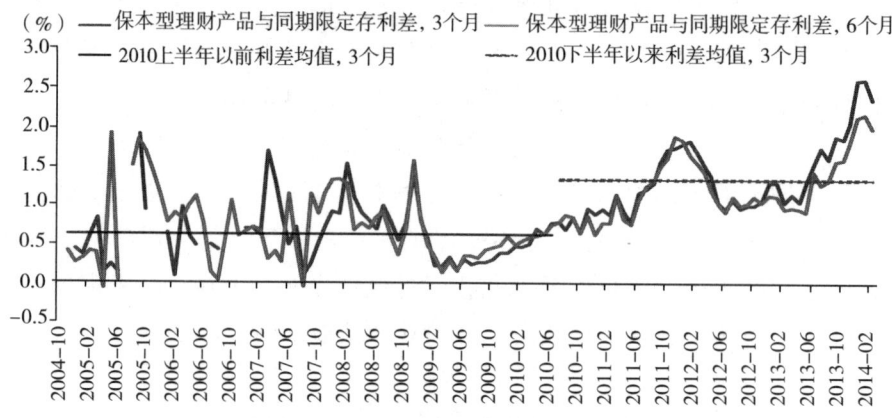

图4　保本型理财产品预期收益率与同期限银行定存利差

资料来源：Wind，安信证券。

第二个子市场是大额协议存款市场。

中资保险公司的大额协议存款利率早在1999年就已经放开，2002~2003年存款人范围扩展至社保、邮政储汇局等机构。我们选择61个月期大额协议存款，将它与银行5年期定期存款作比较。两种产品高度相同，也有很强的替代性，并且更重要的是，两者都属于银行资产负债表表内产品，几乎不存在监管成本差异。唯一的不同点在于，协存利率是由市场决定的，而5年期定存利率受到管制。

图5显示，2010年之前，61个月大额协存与5年期定存利差的均值在18BP，而2010年下半年以后，平均利差为97BP，上升了79BP。

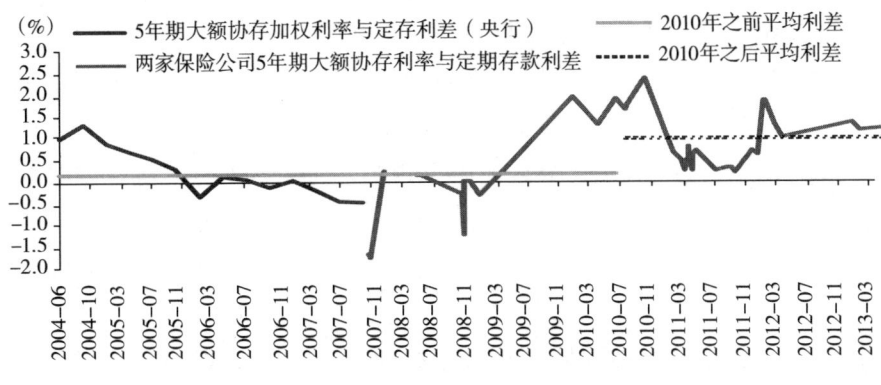

图5　5年期大额协存与同期限银行定存利差

数据说明：2007年12月之前的数据来源于中国人民银行的统计，之后的数据由两家保险公司提供，由于数据点数量有限，此处计算结果仅供参考。

资料来源：Wind，安信证券。

（二）2010年以来，存款市场金融抑制程度加深及其原因

将保本型理财产品与大额协存两个子市场结合起来，可以得到如下一些有启发意义的结论。

首先，观察协议存款与同期限定期存款的利差，2010年上半年之前，平均利差为18BP。如果将计算区间放在2005~2007年，平均利差实际上接近0，个别时间段利差小于0主要是受到期间基准存款利率频繁调整的影响。这说明，在2005~2007年这段时间内，中国存款市场上不存在明显的金融抑制。我们认为基本的原因是当时过剩储蓄与贸易盈余的增长，压低了全社会的均衡利率水平。

其次，尽管2010年之前，特别是2005~2007年，存款市场上金融抑制不明显，但保本型理财产品与同期限定期存款的平均利差在63BP，显著地偏离0，原因是什么？

基于前文对保本理财与短期限定期存款的比较，我们很容易地知道，这一利差主要来源于监管成本的差异。与表内资金相比，银行表外资金有明显的优势，例如，表外资金不需缴纳存款准备金，不受到贷存比的

【专题】

约束。表外资金实现了商业银行资本消耗的节约，这一优势可以折算为银行更低的融资成本，并使银行在竞争环境中能承受更高的理财产品利率。

第三，2010年以后，3个月保本型理财产品与3个月定期存款平均利差上升了71BP～134BP，61个月大额协存与5年期定期存款平均利差上升了79BP～97BP。利差中枢的抬升，暗示存款市场上金融抑制的程度在加深。

在存款市场上金融抑制程度加深的同时，我们还观察到银行贷款利率维持在很高的水平上，与名义经济增速的大幅回落显得很不相称（见图6）。随着银行理财市场的爆发式增长，理财产品余额占企业和住户定期存款的比例由2009年年底的6.2%上升至2013年第3季度末的19.7%（见图7）。

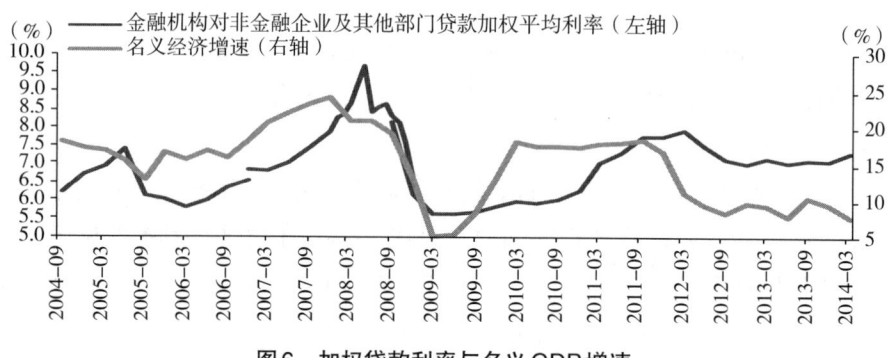

图6　加权贷款利率与名义GDP增速

资料来源：Wind，安信证券。

那么过去几年，存款市场上金融抑制程度加深、均衡贷款利率上升、市场化负债产品规模大幅扩张等一系列现象同步发生背后的原因是什么？

一种直观的解释是利率市场化改革进程的加快。持有这一观点的研究者认为，利率市场化改革加快能够解释市场化负债产品规模的大幅扩张，也能够解释存款市场上加权利率水平的上升，同时银行为了转嫁成本维持利润，成功地提高了贷款利率。

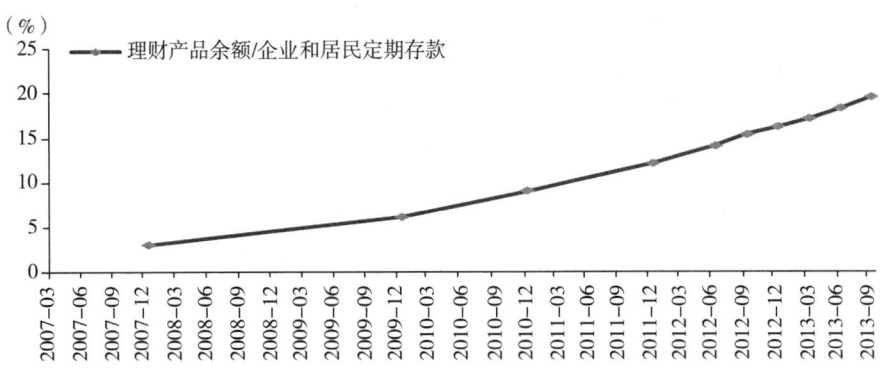

图7 理财产品余额相对于企业和住户定期存款的比例
资料来源：CEIC，安信证券。

基于前文的分析，我们认为这样的解释是不正确的。如果市场化负债产品规模的扩张、存款加权利率水平的上升是主导原因，那么这会造成银行体系能够动员的资金量的增加以及加权贷款利率的下降。

更加重要的事实在于，如果利率市场化加速导致市场化负债产品供应的大量增长，那么我们应该看到市场化负债产品的利率水平与受到管制的存款市场上的利率水平的差距在缩小。也就是说，通过将更多的资源从管制领域转移到市场化的领域，实际的金融抑制程度应该出现下降。

在我们看来，贸易盈余收缩显示的实体经济领域过剩储蓄的下降，发达经济体货币政策正常化带来的资本流入的放缓以及监管层面对商业银行贷存比的考核等多方面因素共同发挥作用，系统性地抑制了中国银行体系的货币供应能力。货币供应受抑制，而货币需求相对旺盛，这推动了存贷款均衡利率的上升，并造成了存款市场上金融抑制程度的加深。在这一过程中，商业银行为了规避表内业务受到的监管，积极主动地发展表外业务，进一步造成了理财产品的扩张以及影子体系的爆发式增长。

简单来说，均衡利率的上升，同时造成了金融抑制的加深和影子银行体系的扩张。均衡利率上升的背后，既有实体经济领域的周期性原因，也有货币银行体系的制度性原因。

（三）存款利率市场化对银行利差的影响

从前述对两个子市场的分析中可以看到，剔除监管成本差异以后，2010年以来，市场化产品利率与管制产品利率之间的平均利差水平在100BP左右。

这意味着，如果不考虑银行动员的存款量的上升带来的贷款利率的下降、不考虑货币市场基金快速发展给银行活期存款利率带来的上浮压力，那么在极限条件下，如果使存款利率完全市场化，则受管制的负债产品的利率将上浮100BP。这部分产品的占比在70%左右，因此短期内可能使银行利差收窄70BP。

当然，在现实条件下，当前均衡存款利率很可能是在加权存款利率与市场化利率之间的某个位置，这意味着70BP可能是对存款利率上升幅度的高估。不过需要注意到，自2010年至今表外业务仍然在快速发展，并未稳定下来。我们预计，加权存款利率也许并非均衡利率的恰当衡量，表外市场化定价产品的利率也许与均衡利率更接近。

如果将货币基金发展给银行活期存款带来的影响考虑进来，在极限条件下，假定这部分资金的成本完全上升到与短期限定期存款利率持平的位置，那么短期内银行利差还可能额外收窄80BP[①]。银行为所有活期存款支付高利率不太现实，80BP是偏高的估计。我们知道，美国货币基金与活期存款大体各占半壁江山。这里我们也姑且假定，在利率市场化以后，中国银行体系一半的低成本活期存款可能转为高成本负债，那么这将使银行利差额外收窄40BP。

如果进一步考虑存款利率上升带来的存款量增长和均衡贷款利率下降，银行利差收窄的幅度会更大。这涉及对存款供应曲线和贷款需求曲线弹性的估算。

总之，利率市场化改革导致银行利差的收窄是必然的。如果存款总量对

---

① 活期存款占各项存款的比例接近40%，占银行全部负债的比例接近28%。在极限条件下，假定全部活期存款利率向定期存款利率靠拢，上升300BP，那么这将造成银行利差额外收窄84BP。

利率上升不敏感，根据以上一些假定粗略估算，银行利差收窄的幅度也许在100BP左右。当然，在估算过程中，我们施加了很多的假定并做了高度的简化，估算结果仅供参考。

【 专题 】

参考文献

中国人民银行.利率市场化介绍. http://www.pbc.gov.cn/publish/zhengcehuobisi/624/index.html，2004.

易纲.中国改革开放三十年的利率市场化进程[J].金融研究，2009(1).

银监会利率市场化改革研究工作小组.利率市场化改革与商业银行转型研究[J].金融监管研究，2012(11).

王立平、李金彪.利率市场化：国际实践、比较与借鉴[J].金融发展评论，2012(11).

Allen, L.the Determinants of Bank Interest Margins: A Note [J]. Journal of Financial and Quantitative Analysis, 23:231−235.

Interest Rate Marketization and Bank Interest Rate Spreads

GAO Shanwen

(Essence Securities)

Abstract: In this paper we provide an extensive review on China's interest rate liberalization process and build a basic analytical model for interest rate liberalization based on free lending rates and controlled deposit rates. Assuming the aggregate demand for bank credit and the credit structure remain unchanged, our model implies that, dropping interest rates controls will lead to higher deposit rates, larger deposit amount, lower lending rates, and declining loan-to-deposit spreads. Based on the interest rate data from bank wealth management products and agreement deposit, our quantitative assessment shows that interest rate liberalization may push the loan-to-deposit spreads down by 100 bps.

Keywords: Interest rate liberalization, Financial repression, Narrowing loan-to-deposit spreads

经济成长、汇率和房地产：
国际比较及对中国的启示

◎ 钟 伟 魏 伟

摘要：经济成长和汇率变动显著影响一国的房地产行业，如果将经济成长分为高速期、平稳期和成熟期，则通常在经济高速增长期房地产也将经历快速扩张，在经济增速区间变换时，房地产的波动尤其剧烈。本币汇率波动往往和一国的经济增速和发展战略相关，通常在汇率升值期，房地产也因巴拉萨－萨缪尔森效应而呈价格上升趋势；在汇率贬值时则容易出现房地产泡沫的破裂。在进行经济增长、汇率和房地产的国际比较之后，我们通过观察中国经济增速调整情况和人民币汇率迫近均衡汇率的程度，而预判中国房地产可能处于从高位平台向下行趋势的初始点，这需要我们对经济增长政策、汇率政策和房地产政策进行适应性调整。

关键词：经济成长 汇率波动 房地产泡沫

作者钟伟系北京师范大学金融系教授、金融研究中心主任；魏伟系北京师范大学金融系博士生。

一、经济成长和房价波动的国际比较

经济成长和房价密切相关。如果将经济成长分为高速期、平稳期和成熟期，则在不同阶段，房价变动亦呈现不同特点。国际货币基金组织（IMF）的国际比较显示，房价上升可带动经济增长，而房价下跌会导致经济疲弱甚至衰退，两者的相关程度还受到各经济体房地产供求和金融系统的影响。P. Catte（2004）研究了房地产价格和经济周期之间的关系。在房地产上涨期间，房地产价格通过金融系统带来的财富效应能够刺激消费，并引致经济景气。D.Baker（2008）讨论了房地产泡沫的宏观经济冲击。他指出泡沫破灭的直接效应是使地产投资和住房消费迅速下降；泡沫破灭的次生效应是住户部门资产负债表的急剧恶化，并造成金融系统风险状况的恶化。M.Iaeoviello（2008）的研究指出，在经济向好时，房价上涨的财富效应增加了负债人的借贷能力和净资产，也使得抵押品价值上升，这加速了经济走强。亲周期的房地产和经济景气相互增强最终受制于通货膨胀率上行和货币紧缩，使负债人的资产缩水和债务状况恶化，经济也开始回落。上述研究均未覆盖比经济周期（Business Cycle）更长的经济成长期。E.Leamer（2007）的研究覆盖了多个经济周期，其大致结论是，"二战"以来，美国历次经济衰退的主因是房地产泡沫，地产衰退直接影响住房投资和居民消费。即便房价并无显著下行，但房地产销售的迟缓也足以导致房地产业、建筑业的收缩和财富效应的消退，经济下行乃至衰退也往往难以避免。葛扬、眭小燕（2009）则对房地产泡沫的"形成－破灭"机制以及房地产泡沫和宏观经济之间的关系进行了翔实的综述。

经济增长阶段可以大致划分为高速期、平稳期和成熟期。根据世界各国的经济增长数据，我们对经济增长阶段的定义为：在经济增长高速期，年均增长率为8%～10%，持续时间在20年以上；在经济增长平稳期，年均增长率为4%～5%，持续时间可能达到50年以上；在经济增长成熟期，年均增长率为1%～2%。综观世界各国，它们在经济增长阶段出现明显的分化，G7等国

【国际金融】

大致处于成熟增长期,新型市场经济体大致处于平稳增长期,而中国等金砖国家大致处于高速发展期。经济增长期的房价和宏观经济表现密切相关,分述如下。

高速增长期国家的样本是,"二战"以后到第一次石油危机之前的日本、中国、韩国、泰国、立陶宛、爱沙尼亚等国。其特点为:第一,在经济高速增长阶段,无论是名义房价的增速还是实际房价的增速都比较快;第二,并不是经济增速越快的国家房价增速就越快,这说明,除了经济增长之外,还有其他结构性因素导致房价快速上涨;第三,房价随着经济增速的波动而波动,而且波动的幅度大于经济增速的幅度,且极少负增长(见表1)。

表1 经济高速增长期的房价增速

国家	时期(年)	持续时间(年)	GDP增速(%)	实际房价增速(%)	名义房价增速(%)
中国	2000~2009	10	10.28	7.00	8.85
日本	1968~1973	6	8.84	9.68	16.13
泰国	1991~1995	5	8.62	4.62	9.42
韩国	1987~2002	16	6.92	-0.87	4.28
爱尔兰	1995~2007	13	7.42	11.69	14.90
俄罗斯	2002~2008	7	6.79	18.32	30.58
立陶宛	2001~2007	7	8.10	27.36	29.33
爱沙尼亚	2004~2008	5	9.18	29.10	33.64
平均		8.63	8.27	13.36	18.39

资料来源:经济增长数据来自世界银行,房价数据来自BIS,实际房价根据CPI数据调整而得。

增长平稳期经济体的样本是20世纪70~80年代的日本,当前的韩国、泰国、中国香港以及当前的波兰、冰岛等欧洲国家。其特点为:第一,就房价增速来说,同样处于经济平稳增长期的亚洲经济体与欧洲经济体出现了明显的分化,亚洲经济体的房价增速低于经济增速,欧洲的经济体的房价增速高于经济增速。第二,这些经济体的房价波动变得剧烈,就房价波动的剧烈程度而言,处于平稳增长阶段的经济体大于高速增长阶段的经济体,而且这些经济体的房价经常出现负增长(见表2)。

表2 经济平稳增长期的房价增速

国家	时期(年)	持续时间(年)	GDP增速(%)	实际房价增速(%)	名义房价增速(%)
日本	1977～1991	15	4.60	2.86	6.03
韩国	2001～2008	8	4.39	3.20	6.47
中国香港	1994～2008	15	4.02	2.33	3.94
马来西亚	2000～2008	9	5.52	0.83	3.20
泰国	1999～2007	9	4.98	-0.56	1.68
印度尼西亚	2003～2009	7	5.41	-4.72	3.73
以色列	2004～2008	5	5.07	0.88	2.51
保加利亚	1998～2008	11	5.38	7.91	15.75
斯洛文尼亚	2004～2008	5	4.98	8.97	12.53
冰岛	2001～2007	7	4.60	8.77	13.42
平均		8.44	4.93	3.07	7.03

资料来源：经济增长数据来自世界银行，房价数据来自BIS，实际房价根据CPI数据调整而得。

成熟增长期国家的样本为现阶段的美国、日本、南非以及欧洲各发达经济体。其特点为：第一，这些经济体的房价增速普遍较高，名义房价增速远超经济增速；第二，房价涨多跌少；第三，许多发达国家常常经历房地产泡沫（见表3）。

表3 经济成熟增长期的房价增速

国家	时期(年)	持续时间(年)	GDP速增(%)	实际房价增速(%)	名义房价增速(%)
芬兰	1994～2009	16	3.70	5.15	6.75
希腊	1995～2009	15	3.63	3.95	8.27
西班牙	1996～2009	14	3.49	6.06	9.11
澳大利亚	1987～2009	23	3.33	4.55	8.03
美国	1976～2009	34	3.19	1.48	5.82
挪威	1993～2009	27	3.03	8.20	10.28
荷兰	1996～2009	14	2.76	5.94	8.13
新西兰	1980～2009	30	2.62	4.21	9.96
葡萄牙	1989～2009	21	2.53	0.31	5.37
奥地利	1987～2009	23	2.50	3.81	6.06
瑞典	1987～2009	23	2.49	4.34	7.25
英国	1969～2009	41	2.38	3.72	10.47
丹麦	1995～2009	25	2.21	9.19	11.27

续表

国家	时期(年)	持续时间(年)	GDP速增(%)	实际房价增速(%)	名义房价增速(%)
比利时	1977～2009	33	2.10	2.41	5.78
法国	1994～2009	26	2.10	4.24	5.90
瑞士	1971～2009	39	1.62	0.42	3.37
德国	1996～2009	24	1.54	(2.26)	(0.69)
意大利	1991～2009	29	1.41	2.33	5.47
日本	1992～2009	28	1.22	(5.24)	(5.04)
平均		26.35	2.53	3.24	6.67

资料来源：经济增长数据来自世界银行，房价数据来自BIS，实际房价根据CPI数据调整而得。

考察各个国家和地区在不同经济增长阶段的房价走势，可以得出以下结论。其一，实际房价是顺周期的，即与真实GDP走势趋同。以下散点图显示，向上倾斜的趋势线表明两者呈正相关关系。其二，房价的波动大于经济增长。有些国家的年均增速可以高达30%，而跌幅也可以超过20%。其三，经济增速越高的国家房价增速越快。处于高增速阶段的国家和地区的房价增速要显著高于处于平稳增长期和成熟增长期的国家和地区的房价增速，但是，处于平稳增长期的国家和地区的房价增速却没有显著高于处于成熟增长期的国家和地区的房价增速，某些处于平稳增长期的国家和地区的房价增速甚至比处于成熟增长期的国家和地区的房价增速要低（见图1）。

二、汇率波动和房地产泡沫的国际比较

除了经济增长阶段之外，汇率对房地产也有显著影响，其传导途径大致有：其一，汇率变动可能引致货币政策的变动，尤其是本币升值和长期贸易盈余会带来国内宽松的货币政策；其二，汇率变动会影响公众的乐观预期，如升值预期导致房价乐观预期；其三，本币升值与房地产价格上涨的"巴拉萨-萨缪尔森"效应，即可贸易部门对非可贸易部门（如房地产）生产率的加快，表现为实际汇率的上升和非可贸易品相对价格的上升；其四，本币升值可压低国内物价水平，从而产生居民财富效应。

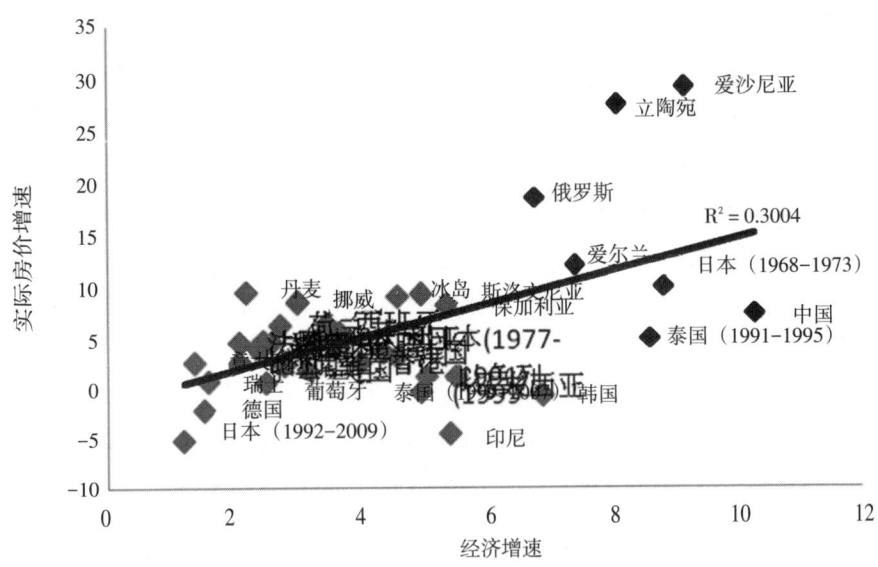

图1 经济成长与实际房价增速的地区间比较

注：黑色数据标签表示该国或地区处于高速增长阶段。
资料来源：世界银行，BIS，实际房价根据CPI数据调整而得。

房地产泡沫一直没有被严格而清晰地定义。Case和Shiller发现"房地产泡沫"（Housing Bubble）一词被广泛引用始于20世纪90年代末，之前一般称为"房地产热"（Housing Boom）。美国经济学家金德伯格指出了房价上涨预期的自我实现，即房地产泡沫可理解为房地产价格持续上涨，它使人们产生了价格进一步上涨的预期，最终造成房地产价格远远高于其内含价值并导致泡沫的产生。泡沫过度膨胀的后果是预期的逆转以及随之而来的价格暴跌，即泡沫破裂。从以上定义来看，房地产泡沫与其他资产泡沫一样，其形成与破灭通常表现为价格的暴涨与暴跌。

汇率危机或者说货币危机的类型以及产生的原因可以从理论进展上来观察。货币危机理论包括：以Krugman（1979）为代表的第一代货币危机模型，该模型认为货币危机主要与经济的基本面恶化和国际储备耗净有关；以Obstfeld（1995）为代表的第二代货币危机模型，该模型认为货币危机并

【国际金融】

不是完全由经济基本面造成的，而往往是由投机者预期的突发性逆转所致；以 Corsetti, Pesenti and Roubini（1999）和 Krugman（1999）为代表的学者们提出了第三代危机模型。第三代模型从信息不对称和道德风险的角度出发，形成了不同的分析思路。这三代危机模型或多或少地讨论了国际收支、预期逆转和资产价格之间的关系。实证研究发现，日本、北欧和美国都是比较典型的案例，其汇率波动、经济危机和房地产泡沫之间存在密切关联。

（一）日元汇率和房价泡沫的十年反复：1985~1994年

日本 1985~1991 年房地产泡沫具有以下特征：其一，房地产泡沫巨大。1985~1991 年，日本六大城市地价上涨 2.13 倍，CAGR 为 25.2%；全国的土地均价在此期间也上涨了 62%；其二，泡沫破灭后房价跌幅大、持续时间长；其三，房地产泡沫形成与扩大伴随着日元的大幅升值，其间日元升值了 50%。1985~1991 年日元大幅升值推动房地产价格大幅上涨的逻辑是，日元升值引致日本政府采取持续宽松的货币政策以及低利率政策，这为房地产价格上涨创造了条件。

日本房地产泡沫破灭的原因众多，经济增长和日元汇率波动无疑是泡沫破灭的重要背景。在泡沫形成期间，日本政府主要从土地政策和货币政策两方向对房地产进行调控。土地调控助长了房价的上涨，土地调控政策造成了负面效果。货币调控包括利率调控和不动产贷款总量调控，政策效果显著。其间货币政策的主要调控内容包括以下几个方面。其一，提高利息。在日本房地产泡沫期间，日本银行业的基准利率在 2.5% 的低水平。到 1989 年 5 月，日本银行开始加息。此后 15 个月内，日本银行连续 5 次加息，基准利率提高到 6%。其二，控制贷款。1990 年 3 月大藏省推出了不动产贷款总量控制政策，即规定银行对不动产的贷款增长率不能超过其贷款总量增长率。结果日本房地产贷款增长率由 1989 年的 30.3%，迅速降至 1990 年年底的 3.5%。其三，土地供给。在加息和控贷使房地产泡沫开始收缩时，日本政府未能迅速控制土地供应。1991 年，日本破产的房地产企业增加，企业土地购置能力萎缩，最终企业从土地净买入者转变为土地净卖出者。土地和货币政策过于急迫的转向，加速了房地产泡沫的崩溃。

(二) 北欧汇率金融动荡和房地产泡沫：1983～1993年

20世纪80年代中后期，一些北欧国家如瑞典、挪威、丹麦和芬兰等陆续出现了比较严重的房地产泡沫，这和其金融动荡相互伴生，震荡发酵。瑞典的房地产泡沫覆盖了住宅地产和商业地产。1986～1991年，瑞典住宅价格上涨了96.4%；商业地产泡沫更严重，在1990年内就上涨了36%。此后3年瑞典的住宅和商业地产价格分别下降了20%和50%。芬兰在1987～1989年间，城市现房价格上涨了68.7%，之后快速下降，到1992年下降了45%。席卷北欧的房地产泡沫使其经济增长陷入低迷之中（见图2）。

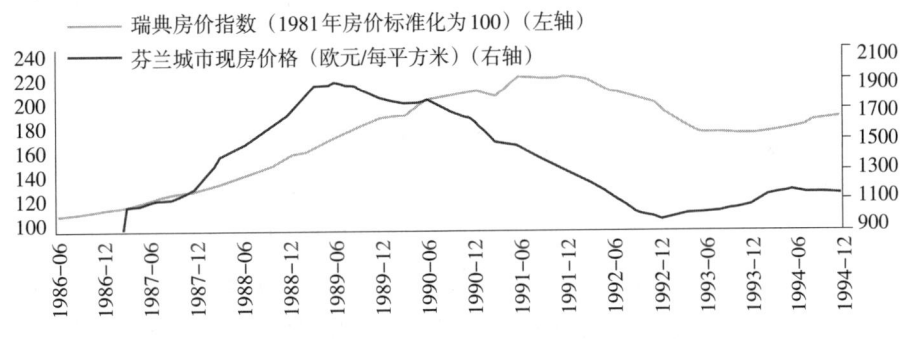

图2 瑞典与芬兰的房价走势（1986～1994）

资料来源：根据BIS相关报告整理而成。

以瑞典为例，其房地产泡沫形成的原因是：其一，金融自由化导致银行竞相发放房地产贷款；其二，扭曲的税收政策加剧了信贷扩张，加快了房地产等资产的泡沫的产生；其三，固定汇率制度加剧了经济内外失衡，造成涉房信贷扩张和地产资产价格泡沫化。在1992年欧洲货币危机的冲击下，瑞典金融系统在房地产泡沫膨胀期间积累的风险被全面释放，最终导致金融危机的爆发，使经济全面衰退。1992年11月19日，瑞典克朗兑美元被迫一次性贬值8.9%，之后继续贬值；银行系统也遭受很大损失。

（三）东亚地区的汇率波动和房价周期：升值效应

东亚的汇率波动和房地产泡沫表现了很强的"巴拉萨-萨缪尔森"效应，即在出口导向型战略下，可贸易部门获得了优先增长和效率提高，东亚传统的高储蓄加上对可贸易品支出占比的下降，导致了作为典型的非贸易部门的房地产吸引了较多资金的流入，从而引致了房地产价格的上升。就东亚地区而言，汇率波动与房价呈现显著关系，通常本币升值往往伴随着房价的上涨，而本币贬值往往伴随着房价的下跌。东亚地区房价和汇率之间存在明显的正相关性，而样本显示东亚地区的经济明显带有外向型经济的色彩，经济增长的出口依存度很高。

限于篇幅，我们无法详述数据处理过程。汇率波动与房价进行的相关性分析结果显示，东亚地区的汇率波动和房价的相关性明显较高，日本、韩国、中国台湾、新加坡、泰国等的房价与汇率走势基本一致（见表4）。从相关系数来看，两者高度吻合的是新加坡，相关系数达到0.94，其余各经济体两者的相关系数大致在0.3~0.4，但如果去除一些因危机带来的结构性因素，这些经济体的汇率与房价的相关系数就非常高。由于泰国、韩国、中国台湾均在1997年的亚洲金融危机中出现过汇率崩溃的现象，因此如果使用2000年以后的数据序列，则泰国的房价与汇率的相关系数为0.92，中国台湾为0.96，韩国为0.75。从20世纪70年代初汇率开始浮动到90年代中期，日本的房价与汇率走势一致，两者的相关系数达到0.86。

从房价和汇率的变动情况来看，东亚房地产价格带有比较明显的"巴拉萨-萨缪尔森"效应。出口导向型经济带来了可贸易部门效率的提高和价格的下行，带来了国际收支顺差和本币升值，也带来了货币政策的被动宽松。同时，不可贸易部门效率的提高相对迟缓以及该部门价格的上行，带来了资金流入和财富效应。一旦经济增长放缓，国际收支顺差趋降，以及本币汇率接近均衡甚至承受贬值压力，则房价上涨进程会迅速逆转。如果一国在此时采取紧缩型的货币政策，往往会加速房地产泡沫的破灭。

表4 东亚国家（地区）汇率和房价波动

	起始时间	持续时间（季度）	房价变动幅度(%)	汇率变动*(%)	房价汇率弹性
上涨					
日本	1976~1980	20	35	36	0.98
	1970~1990	80	855	160	5.36
韩国	1987Q2~1991Q2	16	77.47	12.26	6.32
	2001Q1~2003Q3	10	34.39	10.48	3.28
新加坡	1979Q1~1981Q2	9	253.28	19.23	13.17
	1986Q3~1996Q2	39	412.43	53.91	7.65
	2004Q2~2008Q2	16	57.92	23.31	2.48
泰国	1991Q1~1997Q2	26	99.10	45.82	2.16
	2002Q2~2009Q1	27	32.96	38.36	0.86
中国台湾	2001Q2~2008Q1	27	75.76	43.69	1.73
	2009Q1~2010Q4	7	32.22	17.67	1.82
平均**		19.7	119.50	29.41	4.06
下跌					
日本	1991~2006	20	-76.09	53.97	-1.41
韩国	1991Q3~1998Q4	29	-21.14	-40.23	0.53
新加坡	1983Q4~1986Q2	10	-36.19	-2.88	12.58
	1996Q2~1998Q4	10	-44.87	-15.09	2.97
	2008Q2~2009Q2	4	-24.90	-6.08	4.09
泰国	1997Q2~1999Q2	8	-40.22	-47.45	0.85
中国台湾	1994Q1~2001Q2	29	-31.04	-44.19	0.70
平均**		15	-33.06	-25.99	1.27

注：*除了泰国外，其余各经济体的汇率是用间接法表示的本币兑美元的双边汇率。泰国在1997年以前采用NEER，因为在1997年以前泰国为钉住美元制。

**该均值不包括日本的数据。

资料来源：CEIC，根据各经济体房价数据整理。

三、中国经济成长、汇率和房地产：政策渐需调整

改革开放以来，中国的经济增长明显地表现为3个周期（见图3）。1981~1990年为第一轮周期；1990~1999年为第二轮周期；1999年进入第三轮周期，这轮周期从1999年经济增长处于波谷开始，2007年达到周期的波

【国际金融】

峰，峰值为13.0%。次贷危机之后，中国采取的刺激政策使经济的快速增长延续到2010年第二季度，此后经济增长逐步从高速转为中高速。截至2014年首季，中国经济的增速已调至7.4%。在未来3~5年，中国经济增速可能稳定在6%~8%的区间内。

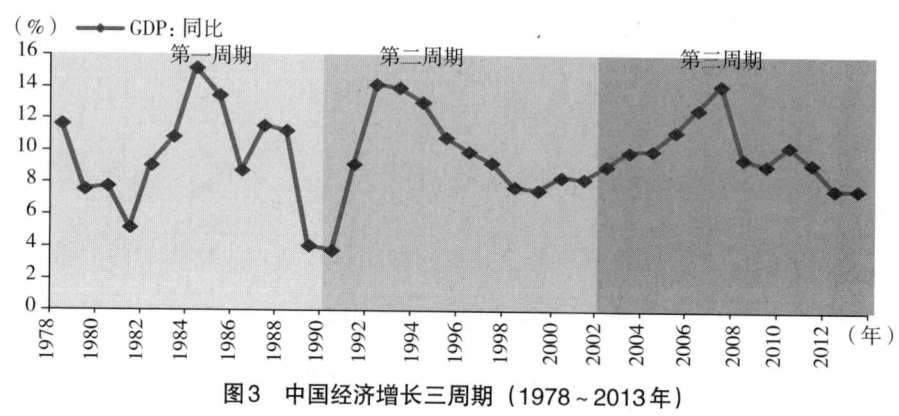

图3　中国经济增长三周期（1978~2013年）

资料来源：国家统计局。

如果我们将中国2000~2007年和2008~2013年分别作为中国第三轮经济周期的上行周期和下行周期（下行周期尚未结束），可以看到在经济增速放缓的同时，商品房销售增速已在波动中有所放缓（当然这也和2010年以来的限购限贷政策的实施有一定关系），但房地产投资的平均增速变化尚不明显，这导致的一个结果就是房地产库存量的高企，从而使未来的房价下行压力日渐明显。如房地产施工面积从2007年的23.63亿平方米上升到2013年的66.56亿平方米，按每年10亿~12亿平方米的速度，去化可以持续5~6年（见表5）。

表5　中国上一轮经济周期增长与房地产销售及投资

时期（年）	持续时间（年）	GDP平均增速（%）	商品房销售平均增速（%）	房地产投资平均增速（%）
2000~2007	8	10.51	20.36	24.74
2008~2013	6	8.98	9.67	22.77

资料来源：国家统计局，平均增速按年度数据的算术平均来计算。

伴随着经济成长和房地产的发展，人民币汇率也出现了阶段性的变化，并大致可以分为以下几个阶段。第一阶段是从1998年中国逐步形成商品房市场开始，一直到2005年7月启动汇改为止，这一阶段的人民币处于隐性升值状态。第二阶段是从2005年7月到2008年次贷危机爆发之前，在这一阶段人民币兑美元的名义汇率升值了约25%，在次贷危机期间人民币汇率相对稳定。2010年下半年到2013年年底，人民币汇率再度温和升值约9%。第三阶段是从2014年年初至今，越来越多的迹象显示，目前人民币日益逼近均衡汇率，汇率双向波动乃至阶段性贬值将成为常态。中国经济增长和汇率波动都进入了新常态，不复"高速增长+稳定升值"的单边状况。

2014年，中国房地产逐步进入高位平台，房地产新开工增速、房地产投资增速、房地产销售增速快速放缓。当前中国房地产领域面临的主要问题是供过于求的矛盾逐步显现；房价预期发生逆转；利率市场化日益深化等。

在经济增长和汇率逐步进入新阶段之际，中国的绝对房价也已处于相对高位。其一，在经济增长高速期和本币汇率升值期，中国房价的绝对涨幅较高。尤其是一线城市，如按中原地产的二手房价格指数，2004年5月至2014年3月，北京、上海、广州、深圳二手房的价格分别上涨了374%、346%、505%、420%。其二，房价收入比高。如按2013年中国居民的收入和房价测算，则北京等一线城市的房价收入比约为30倍，而发达国家的房价收入比一般为6~7倍，美国只有3倍。其三，租金回报率低。目前一线城市的租金回报率为2%~2.5%，远远低于西方发达国家4%~5%的平均水平。

考虑到经济成长期和房价，以及汇率波动和房价的国际比较经验，中国房地产行业很可能正从高位进入趋势性下行的轨迹中。高房价、高地价隐含的风险，未来利率市场化和汇率市场化可能引发的风险，都需要我们重新认识房地产，寻找涉房政策的调整。从房地产泡沫形成的原因来看，低利率、金融自由化、信贷扩张是常见的原因。从房地产泡沫的破灭来看，政策逆转往往是泡沫破灭的诱因，包括利率提升、信贷紧缩等。随着

【国际金融】

中国经济增速的换挡和风险因素的渐增,把握货币政策收紧的节奏十分重要,如果政策转向过急,有可能导致房价大幅下跌或风险加速暴露。

我们建议:其一,要稳定公众对房产价格的预期,防范预期从过于乐观转向过于悲观,毕竟中国目前的低城市化率和大规模的人口迁徙,仍可使房地产的真实需求维持高位稳定。其二,要关注经济下行节奏,目前中国处于经济增速换挡期、经济运行风险暴露期、经济结构矛盾消化期的三期叠加阶段,维持经济增长在6%~8%的区间仍有必要。其三,要防止货币政策过紧。2010年以来,中国的货币政策保持中性偏紧,中国实体经济依然面临较高的利率环境,货币金融政策的调整节奏也十分重要。其四,要考虑利率市场化和汇率市场化推进过程对房地产的影响,尤其是跨境资本流动对房地产的影响。其五,要维持适度的土地供给。从国际经验尤其是日本的教训看,如果不适当调低土地供给规模,改善土地集约使用,则可能会给已经供过于求的房地产市场带来更大压力。其六,要给予自住型住房需求以正常的信贷支持。中国的住房按揭率不足30%,居民杠杆率较低。给予自住需求以信贷支持,可防止住房需求相对不足而导致的房地产价格的剧烈调整。

参考文献

葛扬，眭小燕.房地产泡沫化机理及其影响研究评述[J].经济学动态,2009.11.

Baker D. The housing bubble and the financial crisis[J]. Real-world economics review, 2008, 46: 73-81.

Case K E, Shiller R J. Is there a bubble in the housing market?[J]. Brookings Papers on Economic Activity, 2003, 2003(2): 299-362.

Catte P, Girouard N, Price R W R, et al. Housing markets, wealth and the business cycle [R]. OECD Publishing, 2004.

Corsetti G, Pesenti P, Roubini N. What caused the Asian currency and financial crisis?[J]. Japan and the world economy, 1999, 11(3): 305-373.

Iacoviello M, Minetti R. The credit channel of monetary policy: Evidence from the housing market[J]. Journal of Macroeconomics, 2008, 30(1): 69-96.

Krugman P. A model of balance-of-payments crises[J]. Journal of money, credit and banking, 1979: 311-325.

Krugman P. Balance sheets, the transfer problem, and financial crises[M]. International finance and financial crises. Springer Netherlands, 1999: 31-55.

Leamer E E. What´s a recession, anyway?[R]. National Bureau of Economic Research, 2008.

Obstfeld M. The logic of currency crises[M]. Springer Berlin Heidelberg, 1995.

【国际金融】

Economic Growth, Exchange Rate and Fluctuation of Housing Price: An International Comparison and Its Implication to China

ZHONG Wei, WEI Wei

(Beijing Normal University, Financial Dept.)

Abstract: The paper discusses the relationship among economic growth, exchange rate and the fluctuation of housing price. Evidence shows that housing price will rise synchronically with fast economic growth, and fluctuate if economic growth decelerates. Housing price is likely to rise while the exchange rate of the economy appreciates. The sudden slowdown of economic growth together with soft exchange rate will probably lead to the burst of housing bubble. Since both China's growth and exchange rate are not as robust as they were in the past decade, it might implies the adjustment of housing market and relative policies will presumably occur.

Keywords: Economic Growth, Exchange Rate, Housing Boom

改革实践

中国偿付能力监管改革*

◎ 陈文辉

摘要： 改革开放以来，我国保险市场持续快速发展，中国第一代偿付能力监管制度在防范风险、促进保险市场科学发展方面发挥了应有的作用。当前根据国内和国际保险市场和保险监管的发展形势，建设中国第二代偿付能力监管制度体系是重大而迫切的现实任务。本文探讨了偿付能力监管的理论基础和国内外的监管实践，研究了国际偿付能力监管的发展趋势，总结了我国偿付能力监管制度发展的历史，分析了偿付能力监管改革的重大意义，阐述了偿付能力监管改革的整体框架和技术原则，并介绍了中国第二代偿付能力监管制度体系建设的工作进展。

关键词： 偿付能力监管改革 三支柱 风险导向 中国特色

作者陈文辉系中国保险监督管理委员会副主席。

* 本文为中国金融四十人论坛（CF40）内部立项课题"中国偿付能力监管改革的理论和实践研究"的部分成果，课题报告经中国金融四十人论坛组织专家评审。

【改革实践】

一、偿付能力监管的理论基础

偿付能力监管以防范风险为目的，其本质是通过资本监管对保险公司的风险进行防范和吸收。保险公司偿付能力监管与银行资本监管都是基于风险管理理论，但又具有各自行业不同的风险类别和特点。

（一）风险的分类

现代金融风险管理是通过平衡风险和收益两个方面来实现经营管理目标的，其基础是对风险和收益的科学计量。风险的基本概念总结起来主要有以下几种：结果的不确定性、各种结果发生的可能性、实际结果与预期值的偏差。从是否可以计量的角度看，风险可以分为以下几类：第一类是已经得到比较有效的识别、评估和计量的风险。第二类是人们积累了一定的经验，可以进行识别、评估和计量，但同时也认识到风险计量方法并未得到验证的那些风险。第三类是人们只有初步的经验积累，尚未进行识别、评估和计量，未形成统一的风险计量方法的那些风险。

（二）资本监管与偿付能力监管

金融业对资本与风险的紧密关系已经确立了一些基本的认识。资本的本质功能是吸收风险损失，是计量风险的最适合载体；也就是说，在发生未预期的损失的时候，金融机构必须有充足的、合格的、高质量的资产用于吸收损失。从理论和实践的发展来看，资本监管是金融监管中最为有效和具有广泛影响的监管工具。

从保险行业偿付能力监管的历史发展看，偿付能力监管从最初只是从精算角度对准备金进行监管，发展到当前的资本监管和风险监管，监管的内涵从简单的偿付能力充足率监管发展到全面风险管理，从只有定量监管发展到定量、定性和市场约束三支柱体系。偿付能力监管是保护保险消费者利益的最终防线，也是现代保险监管的核心。

(三) 保险业与银行业资本监管体制的比较

保险业偿付能力监管与银行业资本监管本质上都是基于风险的资本监管,在风险计量方法上有很多相同之处,在风险管理实践上也有很多可以共享的经验和技术。目前,银行业与保险业的资本监管体系都采用三支柱框架,在三支柱的内容、风险分类和计量原理方面都很相似,其中第二支柱的核心理念相同,信息披露要求也相近。

不过,保险业偿付能力监管也有不同于银行业资本监管之处。一是采用了不同的监管指标,保险业主要采用偿付能力充足率,而银行业主要是资本充足率。二是保险业的偿付能力监管采用全资产负债表法,需要考虑资产和负债两个方面的风险,而银行业资本监管的风险关注点主要在资产。三是保险业面临银行业所不具有的承保风险,并且承保风险是保险公司面临的一项主要风险,其对应的资本要求通常超过全部资本要求的50%。

二、偿付能力监管的国际格局和发展趋势

在2008年国际金融危机后,国际偿付能力监管出现了趋同步伐加快的发展趋势。但目前偿付能力监管尚未形成类似银行业巴塞尔协议的统一监管规则,而是呈现"求同存异"的发展格局。

(一) 国际偿付能力监管的主要模式

目前国际上比较有影响的模式主要是欧盟体系(偿付能力I、II)和美国风险资本制度(RBC)。其他国家大都借鉴了欧盟或美国的监管模式。还有一些国家在欧美模式的基础上进行了探索和创新。

欧盟偿付能力II经过10余年的研究、争论和准备,计划于2016年1月1日正式实施。它采用三支柱的整体框架,其监管理念与银行业巴塞尔II和III趋同,贯彻了全面风险管理理念,细致地考虑了不同风险之间的相关性,合理体现了风险分散效应,引入了市场一致性的资产负债评估方法,强调数据的当地化,允许采用内部模型。

【改革实践】

美国RBC发展于20世纪末，根据不同风险设定相应资本要求，注重提高保险公司的安全性，简单易操作，采用了不同于通用会计准则的法定会计准则作为资产负债的评估基础。自2008年以来，美国保险监督官协会推行了美国偿付能力现代化工程（SMI），在对国际保险、银行监管以及国际会计准则最新进展进行研究的基础上，重点从资本要求、国际会计准则、资产负债评估、再保险和集团监管等五个领域，研究完善美国RBC制度。

（二）国际保险监管共同标准刚刚起步，成形尚需时日

2009年，二十国集团（G20）决定设立金融稳定委员会（FSB），使其负责推动全球金融监管体系改革。FSB通过国际保险监督官协会（IAIS）启动全球保险监管规则的制定，加快了国际偿付能力监管规则趋同的步伐。2011年10月，IAIS正式发布了新修订的国际保险监管核心原则（ICPs），其中直接涉及偿付能力监管的核心原则有四项，其他与偿付能力监管有关的核心原则有七项。FSB定期对世界主要国家进行金融稳定评估（FSAP），其中对保险业的评估就是以IAIS在2011年发布的ICPs为依据的。此外，IAIS正积极推动对全球系统重要性保险机构（GSII）和国际活跃保险集团的统一监管，已经出台了一些监管框架，给出了时间表，这些监管框架的核心在于偿付能力监管，总体上属于偿付能力监管第一支柱和第二支柱的范畴，主要手段是资本充足率和风险管理能力要求。IAIS于2013年7月公布了首批9家全球系统重要性保险机构的名单，中国平安集团入选。目前，IAIS正在研究对GSII实施全球统一的基础资本要求（BCR）。

从发展趋势看，国际偿付能力监管的内涵不断扩大。偿付能力监管的范畴由定量监管扩大为"三支柱"监管框架，监管对象由单个保险公司扩大到集团公司，增加了宏观审慎监管等内容。从发展路径看，欧美两条路线仍存差异，不仅表现为监管理念的差异，而且表现在风险计量方法、资产和负债的评估基础、风险量化模型、内部模型运用等方面的不同。

三、我国偿付能力监管改革的背景和挑战

我国偿付能力监管制度从无到有，2003年开始建设第一代偿付能力监管体系，该体系在实践中发挥了重要的作用。随着形势的发展，我国偿付能力监管体系需要与时俱进、改革升级。

(一) 我国第一代偿付能力监管制度

自从1998年保监会成立以来，我国不断加强和完善偿付能力监管，逐渐形成了现行比较完善的偿付能力监管制度体系，我们称之为中国第一代偿付能力监管制度体系（以下简称"偿一代"）。

1995年，《保险法》第一次对偿付能力监管提出了明确要求。2001年保监会发布并在所有保险公司试行《保险公司最低偿付能力及监管指标管理规定》。2003年3月，保监会发布实施《保险公司偿付能力额度及监管指标管理规定》。2004年之后，保监会陆续发布了16个偿付能力报告编报规则和若干偿付能力报告编报实务指南和问题解答。截至2007年年底，我国基本构建起比较完整的第一代偿付能力监管制度体系。

偿一代监管框架借鉴了欧盟偿付能力I和美国RBC，建立了以监管流程为主线的监管框架，主要由公司内部风险管理、偿付能力报告、财务分析和财务检查、适时监管干预、破产救济五部分内容组成，并在实践中形成了行之有效的监管机制，其中包括对保险公司内部偿付能力管理的监管机制、偿付能力监管委员会机制、委员会机关与保监局的上下联动机制、分类监管机制、保险公司资本补充机制。

近十几年来，保险行业整体偿付能力保持充足，行业没有发生系统性风险，偿一代制度发挥了应有的历史作用。偿一代的建立使我国偿付能力监管从无到有，保险业第一次树立了资本约束的经营理念，行业的风险管理水平得到了提升。

但由于当时专业能力和行业数据的缺乏，偿一代标准主要是参考国外标

【改革实践】

准制定的，没有根据我国行业实际进行校验。2012年，在启动中国第二代偿付能力监管制度体系（以下简称"偿二代"）建设之后，保监会首先开展了对偿一代全面总结和定量测试的研究项目，就是要审视偿一代的理论模型是否适用于当前的中国国情，判断偿一代资本要求在数量上是否能覆盖我国目前保险业的风险，并定量比较我国现行偿付能力标准与欧盟偿付能力Ⅱ（欧Ⅱ）和美国风险资本制度（RBC）。

该项研究是我国首次对偿一代标准进行定量测试和全面分析。研究结果表明：当初被引入作为中国偿一代理论基础的Campagne模型并不适用高速发展的新兴市场；中国偿一代虽然在资本要求总量上能够覆盖行业偿付能力风险，但对不同规模公司的影响差别较大，且与保险公司的实际风险暴露程度没有显著的相关性；偿一代标准比欧Ⅱ宽松（欧Ⅱ尚未实施），比美国RBC略微严格。

（二）我国偿付能力监管改革的行业背景

改革开放以来，保险业保持了高速发展的势头。2002~2013年，我国保险业保费规模和资产总量的年均增速分别为19%和26%，保险公司数量由57家增长为168家，各级分支机构数量由600余个增长为超过7万个。2013年，保险业实现保费收入1.72万亿元，保费规模在全球排名第四位，与第三位已十分接近。保险公司总资产达8.3万亿元，净资产达8475亿元。保险业承担的风险规模不断扩大，风险因素更加复杂，风险管理难度日趋增大。面对更高的风险管理要求，保险业整体风险管理水平需要提升，保险业粗放式发展方式需要转型。

为推动行业持续发展，推动发展方式转型，保监会围绕着处理好监管与市场的关系，完善监管制度、监管方式和监管机制，不断深化保险监管体系改革创新。党的十八大之后，保监会提出"放开前端，管住后端"的保险监管改革总体思路，在资金运用和产品定价领域，保险监管改革创新已经迈出了实质性步伐，保险业深化市场化改革的进程正在稳步加速，这对偿付能力监管改革提出了现实而紧迫的要求。

（三）当前我国偿付能力监管面临的挑战和机遇

面对行业发展和监管改革的形势，偿一代制度已经不能完全适应需要，暴露出其整体框架有待完善、无法科学反映保险公司的风险状况、借用的欧盟偿付能力 I 的 Campagne 模型不适合中国快速发展的新兴市场、与国际保险监管的发展趋势不一致等问题。在实践中，偿一代按照规模的一定比例确定资本要求，不利于行业经营模式的转型，也不利于提升行业风险管理能力、提高保险公司核心竞争力。国内经济社会和保险行业发展对保险监管改革提出了新的要求，在前端已经放开的情况下，切实管住风险是对偿付能力监管的一大挑战。

党的十八届三中全会提出了全面深化改革的总任务，保监会正在推进保险业深化市场化改革。偿付能力监管在偿一代的基础上，进一步得到改革完善，顺应了我国社会经济发展和保险监管改革的需要。此外，国际金融监管和保险监管的发展趋势，为我国偿付能力监管改革提供了历史机遇，也为我国偿付能力监管改革留出了发展空间。在保险业尚未形成类似银行业巴塞尔协议的情况下，我国可以建立一套适合自身实际的偿付能力监管模式，这样既能顺应国际潮流，还能增强我国保险业在国际监管规则制定中的话语权。

（四）我国第二代偿付能力监管制度体系建设工作进展

2012年3月，保监会正式启动了偿二代建设，发布了《中国第二代偿付能力监管制度体系建设规划》，明确用三到五年时间，形成一套既与国际接轨，又与我国保险业发展阶段相适应的偿付能力监管制度。2013年5月，我国完成了偿二代顶层设计，发布了《中国第二代偿付能力监管制度体系整体框架》，并先后成立了16个项目组研究具体技术标准。两年来，有关部门根据"深入研究、实际测试、方法先进、标准简明"的工作方针，深入开展国际比较研究和国内调研，在此基础上采用我国行业实际数据进行多轮测试，确保标准符合我国行业情况。其中几次较大规模的测试包括：2012年10月开展产险承保风险的"方法测试"，2013年11月开展资产风险的"参数测试"，2013年12月开展产险承保风险的"因子校准测试"，2014年3月组织15家实行产险第一支柱标准的样本公司进行"框架测试"。

2014年4月,保监会正式发布了偿二代《保险公司偿付能力监管规则》第1号至第8号征求意见稿,向全行业公开征求意见,并组织产险行业进行定量测试。此次公开征求意见的《监管规则》第1号至第8号,包括第一支柱的实际资本、最低资本、保险风险最低资本、市场风险最低资本、信用风险最低资本等五项规则以及第二支柱的分类监管(风险综合评级)、风险管理要求与评估、流动性压力测试等三项规则,构成了产险公司比较完备的偿二代主干技术标准。

保监会下一步将做好对第1号至第8号《监管规则》征求意见稿的集中校准测试工作,加快对寿险偿付能力监管规则的制定,要在2014年年内完成对所有偿二代技术标准的制定,并发布偿一代向偿二代的过渡方案。

四、偿二代的顶层设计及主要技术原则

(一)偿二代的整体框架

偿二代采用三支柱的整体框架。三支柱框架最早是在巴塞尔协议Ⅱ下形成的全球银行业监管框架,近年来被越来越多的国家和地区的保险监管模式所采用。偿二代的三支柱框架包括以下几个方面。

1. 第一支柱定量资本要求。该要求主要防范能够量化的风险,通过科学地识别和量化各类风险,要求保险公司具备与其风险相适应的资本。该要求主要包括五部分内容。一是第一支柱量化资本要求,具体包括:保险风险资本要求,市场风险资本要求,信用风险资本要求,宏观审慎监管资本要求(即对顺周期风险、系统重要性机构风险等提出的资本要求),调控性资本要求(即根据行业发展、市场调控和特定保险公司风险管理水平的需要,对部分业务、部分公司提出一定期限的资本调整要求)。二是实际资本评估标准,即保险公司资产和负债的评估标准和认可标准。三是资本分级,即对保险公司的实际资本进行分级,明确各类资本的标准和特点。四是动态偿付能力测试,即保险公司在基本情景和各种不利情景下,对未来

一段时间内的偿付能力状况进行预测和评价。五是监管措施，即监管机构对不满足定量资本要求的保险公司，区分不同情形，可采取不同的监管干预措施。

2. 第二支柱定性监管要求。在第一支柱的基础上，进一步防范难以量化的风险，如操作风险、战略风险、声誉风险、流动性风险等。第二支柱共包括四部分内容。一是风险综合评级，即监管部门综合第一支柱对能够量化的风险的定量评价以及第二支柱对难以量化风险（包括操作风险、战略风险、声誉风险和流动性风险）的定性评价，对保险公司总体的偿付能力风险水平进行全面评价。二是保险公司风险管理要求与评估，即监管部门对保险公司的风险管理提出具体监管要求，如治理结构、内部控制、管理架构和流程等，并对保险公司风险管理能力和风险状况进行评估。三是监管检查和分析，即对保险公司偿付能力状况进行现场检查和非现场分析。四是监管措施，即监管机构对不满足定性监管要求的保险公司，区分不同情形，可采取不同的监管干预措施。

3. 第三支柱市场约束机制。该机制通过引导、促进和发挥市场相关利益人的力量，利用对外信息披露等手段，借助市场的约束力，加强对保险公司偿付能力的监管，以进一步防范风险。其中，市场力量主要包括社会公众、消费者、评级机构和证券市场的行业分析师等。第三支柱主要包括两项内容。一是通过对外信息披露手段，充分利用除监管部门之外的市场力量，对保险公司进行约束。二是监管部门通过多种手段，完善市场约束机制，优化市场环境，促进市场力量更好地发挥对保险公司风险管理和价值评估的约束作用。

偿二代三个支柱是一个有机整体，同时在防范风险方面各有侧重：第一支柱通过定量监管手段，防范能够量化的偿付能力相关风险；第二支柱通过定性监管手段，防范难以量化的偿付能力风险；第三支柱通过信息披露等手段，发挥市场约束力量，可以强化第一支柱和第二支柱的效果，并且更加全面地防范保险公司的各类偿付能力风险。三个支柱相互配合，相互补充，成为完整的风险识别、分类和防范的体系。

（二）偿二代的主要技术原则

1. 偿付能力充足指标。设置评价保险公司偿付能力状况的三个指标，即核心偿付能力充足率、综合偿付能力充足率和风险综合评级。

2. 实际资本。实际资本等于保险公司认可资产减去认可负债后的余额。根据损失吸收能力的大小，实际资本分为核心资本和附属资本。

3. 最低资本。最低资本是指保险公司为了应对市场风险、信用风险、保险风险等各类风险对偿付能力的不利影响，依据监管机构的规定而应当具有的资本数额。

4. 风险分类。保险公司的风险分为两大类：能够量化的风险和难以量化的风险。能够量化的风险包括市场风险、信用风险和保险风险，在第一支柱中得到反映；难以量化的风险包括操作风险、战略风险、声誉风险和流动性风险等，在第二支柱中得到反映。

5. 第一支柱资产和负债的评估原则。产险公司和寿险公司的资产负债评估原则应尽可能保持一致、相同的保险业务应适用于相同的资产负债评估原则、资产的评估原则应与负债的评估原则尽可能一致，等等。

6. 第一支柱量化资本要求的基本原则。第一支柱量化资本要求原则上采用在险价值（Value at Risk）方法，时间参数为1年，置信水平将以我国国情为基础，依据行业定量测试结果确定。

7. 第一支柱量化资本要求的计量方法。第一支柱量化资本要求的计量采用自下而上的方法，可选择情景法或者风险因子系数法，不同的风险模块可以选用不同的方法。

8. 第二支柱流动性监管。对于流动性风险，持有额外的资本不是最恰当的监管方法，而应当主要通过定性监管手段防范流动性风险。

9. 第二支柱风险综合评级。对能够量化风险的评价在第一支柱中得到反映，对难以量化风险的评价和对所有风险的综合评价在第二支柱中得到反映。

10. 第二支柱保险公司风险管理要求与评估。这是对保险公司与偿付能力相关的全部风险的管理要求和对保险公司风险管理能力的评价，不仅包括可量化的风险，还包括不可量化的风险。

11. 第三支柱公开信息披露。要遵循充分性、及时性、真实性、公平性和成本效益原则，通过公开信息披露培育和完善市场约束机制。

（三）偿二代的主要特点

偿二代立足于中国实际，具有三个鲜明的特点。

第一，风险导向。偿二代坚持风险导向。偿二代建立了与风险更相关、对风险更敏感的定量资本监管标准，将资本要求细分到不同的风险类别，覆盖保险公司面临的所有可量化风险，对风险的计量比偿一代更全面、更准确、更透明，资本要求与风险水平的关系更加直接和紧密，风险越高的公司，最低资本要求越高。与偿一代相比，偿二代增加了对保险公司风险管理能力的要求与评估，细化了全面风险管理的要求，涵盖了定量风险和不可定量风险，风险管理能力越差的公司，最低资本要求越高。

第二，中国特色。监管制度与行业发展就如同上层建筑与经济基础的关系，离开经济基础的上层建筑即使看起来先进，实际上没有实际价值，反而会阻碍行业健康发展。我国保险市场总体上仍处于发展的初级阶段，具有新兴市场的特征，与欧美等成熟保险市场相比，在产品形态、风险特征等各个方面都不同。中国偿付能力监管改革不能照搬欧美监管制度，而是要与我国保险行业发展水平、保险市场发育程度和保险监管能力相适应。

与欧美监管模式相比，偿二代具有鲜明的中国特色。第一支柱定量监管标准是使用中国的实际数据进行测算，标准发布上主要采用因子法，以便于我国保险公司操作和实施，并考虑行业实际，将操作风险纳入第二支柱进行定性监管；第二支柱强调监管机构对保险公司风险管理设置基本要求，并对保险公司风险管理能力进行检查和评估，建立了风险综合评级制度，形成第一支柱和第二支柱的联系，同时，通过监管力量直接推动保险公司提升风险管理能力，更适合我国保险业处于初级阶段、风险管理意识比较薄弱的现状；第三支柱在市场约束机制方面，除了公开信息披露，还注重对市场约束机制相关主体的培育和引导。

第三，国际可比。偿二代在坚持中国特色的基础上，充分吸收国际公认

【改革实践】

有效的监管经验和做法，从框架设计到具体技术标准，都要做到有国际可比性。在理念和原则上，要尽可能与国际主流保持一致；在结构和参数上，要充分反映新兴市场的特征和要求，体现我们与成熟市场的差异。比如，偿二代采用了国际通行的"三支柱"框架；在监管理念和基本原则上与国际接轨，符合IAIS的保险核心原则。但偿二代在三支柱的具体内容、风险模型和技术参数上，又根植于中国的监管经验和市场数据，包括在第一支柱量化资本要求中采用的一些风险分布模型，第二支柱中的分类监管（风险综合评价）、偿付能力风险管理要求与评估（SARMRA）等。可以说，中国的偿二代与美国的RBC和欧盟的Solvency II，既不同，又可比，这也是中国实践对国际保险监管规则体系发展做出的贡献。

五、偿二代对保险业的影响

偿二代的实施将对我国保险业发展、保险监管、保险业国际化等方面产生深远的影响。

（一）促进保险业持续健康发展

偿二代有利于提升公司的风险管理能力。偿二代坚持风险导向，促使保险公司提升风险管理水平，既能直接推动保险公司经营管理水平的提高，提升行业核心竞争力，又能对保险公司以往粗放式发展模式形成有力的制约，引导保险公司平衡业务增长、资本管理和风险控制，实现发展方式转型。此外，偿二代有利于提高资本使用效率。偿二代建设的目的不是提高资本要求，而是要更加科学合理地计量各类风险，偿二代坚持风险导向兼顾价值的原则，在守住风险底线的前提下，增强风险与资本要求的相关性，科学合理地设定资本要求，避免资本冗余，减轻行业资本负担。

（二）实现监管升级，推动市场化改革

当前，保监会根据党的十八届三中全会精神，形成了"放开前端、管住后端"的市场化改革思路，在投资市场化、费率市场化、市场准入退出等领域迈出了"放开前端"的实质性步伐。在放松对市场行为的行政管制的情况下，保监会将监管资源更多地放在后端，强化对风险的监管。偿二代"三支柱"实现了对风险的事前、事中和事后的全流程监管，为保险监管市场化提供了重要保障。比如，通过第一支柱最低资本的刚性约束加强事后监管，通过第二支柱的风险综合评价、第三支柱公开信息披露来强化事中过程性监管，通过第一支柱压力测试和第二支柱的风险管理能力评估实现风险的事前预警。偿二代将在守住风险底线的前提下，为保险行业在产品、费率、投资、服务等方面的创新打开广阔的发展空间。

（三）参与国际保险监管规则制定，扩大国际影响力

偿二代为我国参与国际保险监管规则制定提供了有力抓手和有利契机。偿二代符合我国国情和实际，顺应国际趋同的大潮流，在实现有国际可比性的同时，总体上体现了新兴市场特征。通过加强国际宣传，开展国际合作，特别是与新兴市场国家的合作，与欧盟开展等效评估等，偿二代的国际影响力显著扩大，受到国际社会的高度关注。同时，我国以偿二代为支撑，积极参与IAIS对全球系统重要性保险机构和国际活跃保险集团的统一监管规则的制定和讨论，反映我国和新兴市场的诉求，分享偿二代建设的经验，提升了我国在国际规则制定中的影响力，进而为我国保险业开展国际竞争创造了有利条件。

【改革实践】

参考文献

陈文辉.国际保险监管核心原则的最新发展与中国实践[M].北京:人民日报出版社,2012年5月.

项俊波.保险业偿付能力监管——国际格局与中国道路[J].金融监管研究,2012(8),第1~9页.

中国保险监督管理委员会.保险核心原则、标准、指引和评估方法[M].北京:中国金融出版社,2012年10月.

Cummins, J. David and Phillips, Richard D. .Capital Adequacy and Insurance Risk-Based Capital Systems[J]. Journal of Insurance Regulation, 2009,28(1), 25-72.

Holzmüller, Ines.The United States RBC Standards, Solvency II and the Swiss Solvency Test: A Comparative Assessment[J].Geneva Papers on Risk and Insurance- Issues and Practice, 2009, 34(1), 56-77.

Klein,Robert W.. Principles for Insurance Regulation: An Evaluation of Current Practices and Potential Reforms[J].The Geneva Papers , 2012(37), 175-199.

The Reformation of China's Solvency Regulation System

CHEN Wenhui

(China Insurance Regulation Commission)

Abstract: Since reform and opening up, China's insurance market grew rapidly and sustainably. China's first generation solvency regulation system serves a function of risk management and facilitates a healthy development of insurance industry in China. Nowadays, due to the evolvement of insurance market and the development trend of insurance regulation, establishing China's second generation regulatory framework is an important, urgent and realistic task. This paper discusses the fundamental theory and domestic and international practices of insurance regulation, studies the development trend of international insurance regulation, overviews the history of China's insurance solvency regulation, analyzes the significance of solvency regulation reformation, explains the conceptual framework and technical principles of China's second generation solvency regulation system, and presents the latest progress on the development of this new regulation.

Keywords: Reformation of China's Solvency Regulation System, Three Pillars, Risk Oriented, Chinese Characteristics

【改革实践】

我国资本市场的对外开放战略*

◎ 祁　斌　高小真　查向阳　等

摘要： 我国资本市场的发展历程，是与资本市场的对外开放进程相互促进、共同推进的。经过二十多年的发展，我国资本市场已经成长为一个在制度安排、交易规则、监管方式等方面与国际市场基本接轨，并适应中国国情的资本市场。然而，同成熟市场甚至某些新兴市场相比，我国的资本市场的质量、效率尚有待提高，依然相对封闭，许多制度规则须进一步与国际标准保持一致。面对新形势和外部环境的改变，以及为了实现"全面提高开放型经济水平"的发展战略目标，资本市场现有的开放程度已不能满足其自身和实体经济的内在需求。

国际经验表明，对外开放是提高一国资本市场国际竞争力的主要手段。现阶段应当立足于对资本市场运行机制和面临内外部环境的深刻认识，在确保金融体系稳定的前提下，坚持对内与对外开放并举、以开放促改革的战略原则，制定和实施更为长远、有效的政策措施，全面提升资本市场的开放水平，使其更好地服务于中国经济结构转型调整，并加快实现融入全球经济金融体系的发展目标。

关键词： 资本市场　对外开放　国际比较　战略

作者祁斌系中国证监会创新业务监管部主任、研究中心主任，兼北京证券期货研究院执行院长。

* 本文选自中国证监会研究中心、北京证券期货研究院共同完成的课题《我国资本市场的对外开放战略》。研究报告具体由祁斌、高小真、查向阳、姚远、殷索亚、冯丹荔、王化、乔菲等同志执笔。

一、我国资本市场对外开放的成就与特点

对外开放是中国资本市场发展的重要动力。自我国资本市场建立以来，我国坚持积极稳妥地推进资本市场的对外开放，促进我国资本市场国际竞争力稳步提高。目前，我国作为全球第二大经济体，实体经济不断融入全球经济体系，利率、汇率市场化改革和人民币资本项下可兑换加快推进。

（一）资本市场对外开放与国际化的概念辨析

资本市场对外开放指一国的资本市场通过主动或被动的方式，向国际资本或金融机构部分或完全开放市场或行业。资本市场的国际化水平则是反映一国的资本市场与国际规范的接轨程度及其国际竞争力水平。国际化水平需要从多角度、多方位来衡量（见表1）。

表1 资本市场对外开放与资本市场国际化解析

资本市场对外开放	资本市场国际化
对外开放的举措包括	衡量国际化水平的指标包括：
·准许国际资本参与本国市场的投资	·外资投资者进入程序是否简便，是否无歧视对待，对资本和投资收益汇回是否有限制或罚款
·准许国际金融机构在本国市场设立合资或全资机构	·资本流入流出是否比较自由，外汇是否自由兑换
·准许国际企业到本国市场挂牌、上市、进行股权和债权融资等	·国际资本和投资者在本国市场中所占份额
	·国际金融机构在本国市场所占份额
	·上市公司中的国际企业或股份所占比例
	·本国市场在制度安排、交易规则、监管方式等方面与国际接轨的程度

（二）我国资本市场对外开放的成就与特点

1. 成就

总体来讲，我国过去二十多年的资本市场对外开放取得了非常好的成

【改革实践】

果,形成了自己的特色。

一是稳健渐进,有效防控了风险。我国资本市场始终以逐步的、有序的方式进行对外开放,过程中没有出现产生对资本跨境流动和外汇稳定不利影响的风险事件。

二是支持了国内经济发展。企业通过境外上市融资,不仅获得了宝贵的资金支持,而且完善了我国企业的公司治理制度,为其后来的成长壮大奠定了基础。企业境外上市融资在推动中国经济融入全球市场方面做出了重要贡献。

三是推动了人民币国际化进程。资本市场对外开放与人民币国际化进程相辅相成,相互促进。其中,QFII和QDII制度就是一个很好的例子。在实际经济生活中,人民币资本项下可兑换程度和资本市场的实际开放程度都已达到较高水平。

四是提升了资本市场竞争力。资本市场对外开放促使国内市场主体采纳国际最佳实践经验,促使国内机构在竞争中学习提高,增强了其国际竞争力。市场运行机制和监管规范也逐步与国际标准接轨。

五是实现了共赢。外资通过参与资本市场,分享了中国经济增长的成果,取得了一定的市场份额和较好的投资收益。

2. 特点

人民币资本项下可兑换与资本市场的实际开放程度较高。根据IMF等机构的统计数据,人民币资本项下的14项(占比为35%)基本可兑换,22项(占比为55%)部分可兑换,4项(10%)不可兑换。而根据Real Economic Life的评估,人民币资本项下16项可兑换,17项大部分可兑换,7项部分可兑换,没有不可兑换项。这表明目前我国对中长期性质的双向直接投资与贸易融资已经基本放开,管制主要涉及证券投资、跨境借贷与衍生品交易等短期资本流动。

资本市场对外开放促进本土公司成长发展。以基金公司为例,基金行业自2002年起开放至今,虽然目前合资基金公司数量过半,但本土基金公司在竞争中不断学习和壮大,在行业资产规模上仍占据50%的份额。资产规模排名前十的基金公司中，合资公司和本土公司各占五席。在合资过程中，本土公司通过吸引外资股东和派遣员工出国培训等方法，迅速提高了国际化程度。20多家基金公司设立了香港分公司，其中内资公司9家。同时，经过十多年的发展，基金行业培养了大批专业投资人才。结合QFII的引入，这大大促进了资本市场价值投资和长期投资理念的形成。基金行业这种对内开放（向银行业和私募基金开放）和对外开放并举的做法取得了良好的效果。

二、我国资本市场对外开放面临的新形势和挑战

（一）十八大报告提出"全面提高开放型经济水平"的战略目标

1. 明确对外开放的战略目标

在当前新的国际国内形势下，党的十八大报告提出要"全面提高开放型经济水平。适应经济全球化新形势，必须实行更加积极主动的开放战略，完善互利共赢、多元平衡、安全高效的开放型经济体系"。这明确了我国在对外开放领域未来的发展方向，只有抓住发展开放型经济的战略机遇期，防范深层次风险，走互利共赢发展之路，才能解决我们面临的挑战和问题，才能让我国经济的发展充满活力。

2. 我国经济和资本市场的全球影响力日益提升

中国已经成为世界第二大经济体、世界第二大贸易体、第一大出口国和第二大进口国，也是世界跨境直接投资的重要来源和主要目的地。依托于世界第二大经济体，我国资本市场的规模也已位居世界前列。从股票市场看，截至2013年6月，我国股票总市值位居全球前列，仅次于美国、日本和英国，沪、深两市上市公司达到2491家，总市值为17.59万亿元。从债券市场看，截至2012年12月，我国公司信用类债券余额位居世界第四。2013年5月底，全国债券市场托管量达到27.84万亿元。从期货和衍生品市场看，在国际上主要期货交易所上市的活跃品种中，除原油期货外，我国基本上都已有相应品种上市交易。

【改革实践】

(二)我国资本市场的质量、效率和国际竞争力有待提高,需要通过进一步开放促进改革和发展,提升市场质量并提高服务社会经济的能力

根据国际机构的评估体系对我国资本市场进行的系统评估,我国市场在深度、广度、效率、稳定性方面均有诸多不足,对经济社会的服务能力也急需提高,迫切需要通过进一步开放来促进我国资本市场的改革和发展。

1. 金融结构中资本市场发展不足

与大部分发达市场和新兴市场相比,我国资本市场在金融体系中比重过小(见图1)。近年来,在银行信贷快速扩张与股市低迷的背景下,我国金融结构的失衡问题愈发突出。2012年年底,我国股市市值、政府债券和非政府债券余额分别占金融总存量的13%、5%和9%,银行资产却高达73%。同时期,多数经济体直接融资存量都在60%以上,美国为84%。如果按照融资规模来看,2012年,我国全社会融资规模为15.76万亿元,其中银行信贷8.2万亿元,占52.03%;债券2.25万亿元,占14.28%;股票0.25万亿元,占1.59%,占比非常低。

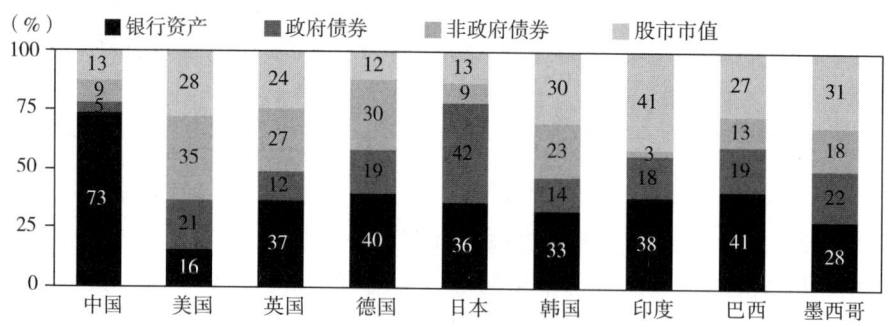

图1　2012年国际金融结构对比

资料来源:麦肯锡全球研究院。

2. 我国资本市场的深度不足

我国股票市场总市值排名世界第四,但股市深度不足,证券化率明显落后于发达国家(见图2,图3)。债市深度也比较落后,与美国、日本相比存

在一定差距。当然,在股票市场中,由于我国境外上市企业较多,证券化率指标在一定程度上低估了我国股市的市场深度。2012年年底,在香港上市的H股和大小红筹股市值约占我国GDP的20%。此外,该指标没有考虑场外市场的情况。

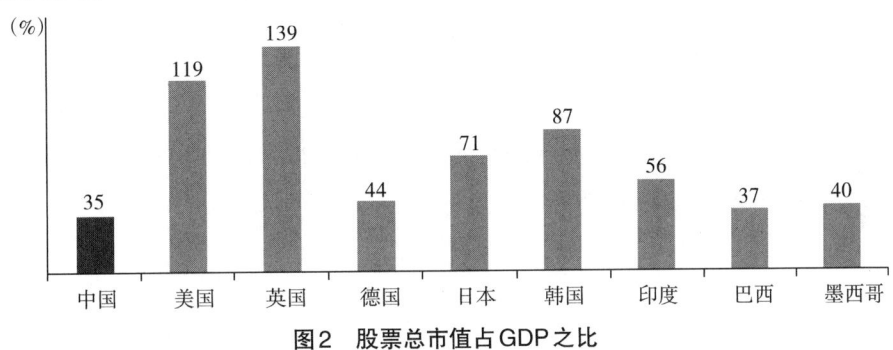

图2 股票总市值占GDP之比

资料来源:Bloomberg(2013年6月)。

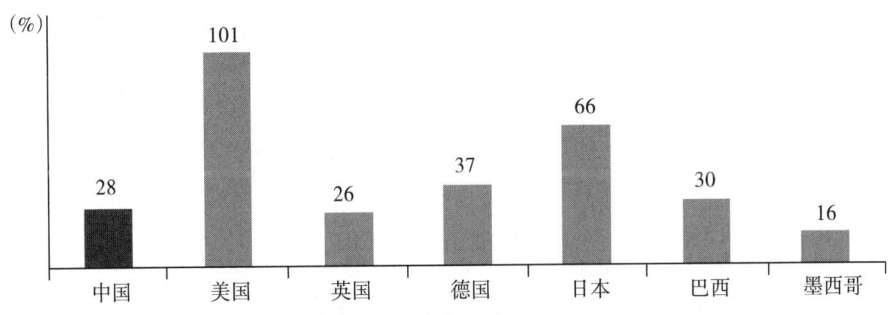

图3 国内非政府债券总余额占GDP的比重

资料来源:Bloomberg(2012年)。

3. 我国资本市场的广度不足

从公司规模集中度情况来看,我国股市的广度在可比国家中处于中上等水平,略落后于美国、日本。如从人均上市公司来看股市广度,我国的排名相对靠后(见图4,图5)。

4. 我国资本市场的效率偏低

一般而言,换手率高表示市场活跃,市场效率较高。但我国换手率前些

【改革实践】

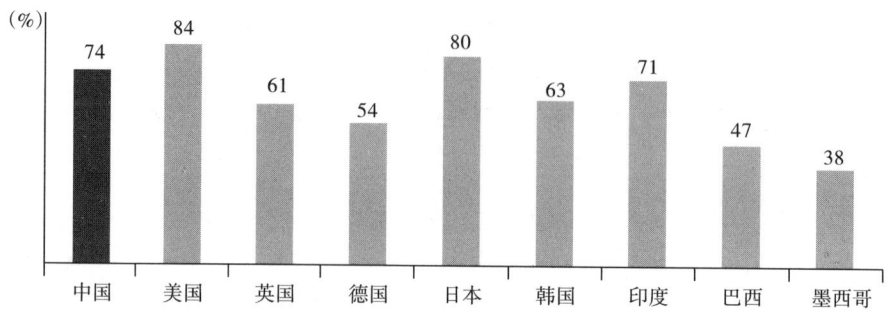

图4　排名前10家上市公司市值占总市值之比

资料来源：Bloomberg（2012年）。

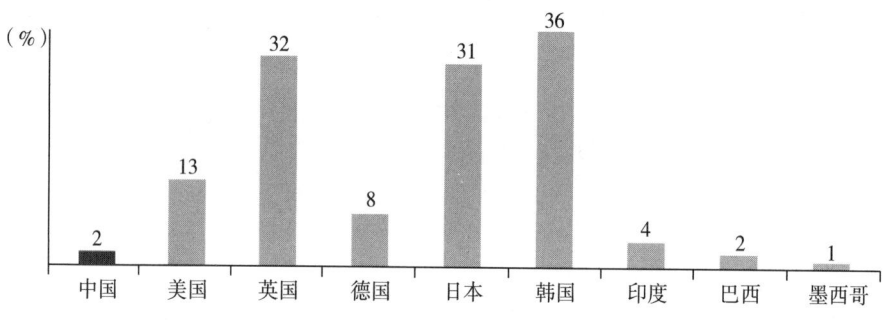

图5　每百万人上市公司数量

资料来源：Bloomberg（2012年）。

年过高，故使用该指标缺乏参考意义。我国股市换手率近几年呈下降趋势，是股市趋于健康发展的表现。另外，股价协动性（Stock Price Synchronicity），即单个股票与大盘走势趋同的程度，可反映股市价格发现是否有效。中国的协动性较高，这说明，中国股市的价格发现效率较低（见图6）。

5. 我国资本市场的稳定性不足

我国股市波动程度在金融危机前与发达国家相比一直较高。近两年，我国股市波动情况有所好转。2012年，我国股市波动幅度已经接近或低于韩国、巴西等新兴国家。此外，我国股市市盈率也逐年下降，现已基本达到和美国近似的估值水平(见图7~图9)。

6. 股票市场和债券市场发展不足，市场结构失衡

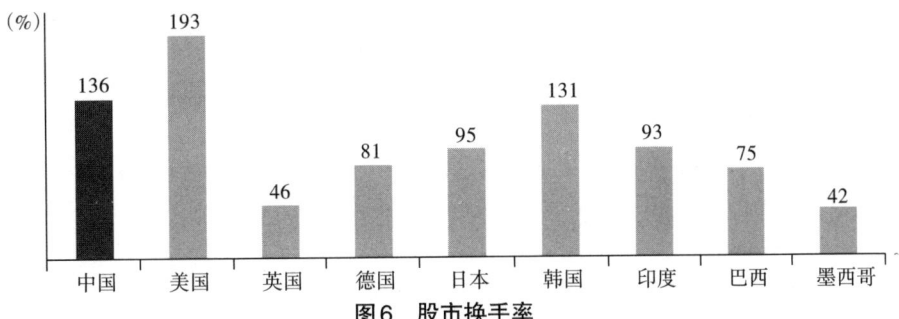

图6 股市换手率

资料来源：Bloomberg（2012年）。

图7 股价协动性指标的地区间比较

部分国家和地区R^2均值排名	国家和地区	1997~2004 R^2均值	部分国家和地区R^2均值排名	国家和地区	1997~2004 R^2均值
1	加拿大	0.03	22	印度	0.12
3	爱尔兰	0.04	24	日本	0.12
5	英国	0.05	26	印尼	0.15
7	秘鲁	0.05	28	墨西哥	0.17
9	葡萄牙	0.06	30	意大利	0.19
11	美国	0.06	32	菲律宾	0.2
13	丹麦	0.06	34	荷兰	0.22
15	哥伦比亚	0.08	36	中国台湾	0.22
17	德国	0.08	38	希腊	0.27
19	荷兰	0.11	40	中国大陆	0.29

资料来源：Alves, Peasnell, Taylor (2010)。

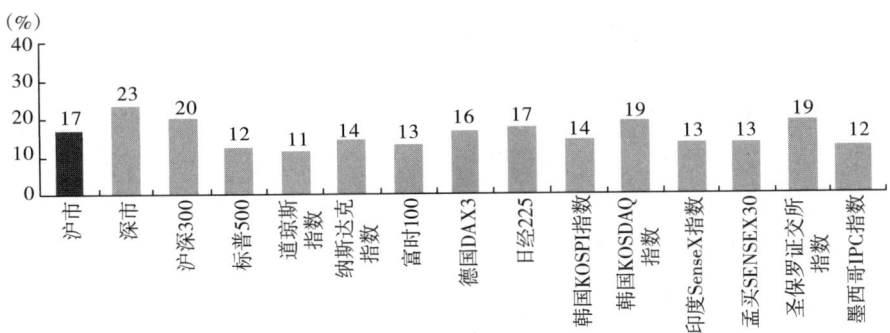

图8 股市波动率

资料来源：世界银行（2012年）。

【改革实践】

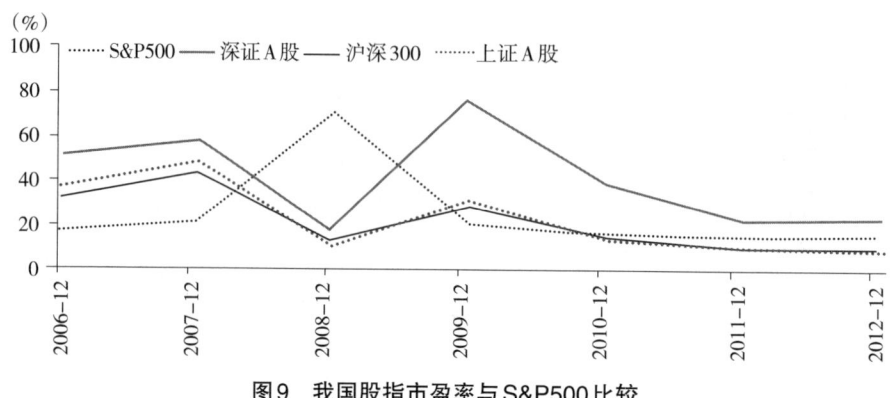

图9 我国股指市盈率与S&P500比较

资料来源：Wind, Bloomberg。

(1) 我国股票市场呈"倒金字塔"型

以美国为代表的成熟市场，股权市场有明晰的层次，不同的企业有与其相适应的股权融资平台。这些成熟市场的市场结构呈"金字塔"型，顶端是少数大型的、优质的企业，底部为大量中小企业。我国实体经济中的大、中、小微型企业分别有数千家、数十万家和1000多万家，这种企业层次在客观上需要一种"金字塔"形的资本市场体系与之匹配，而我国股权市场结构正好相反。主板、中小板和创业板的上市公司总数已达2494家，数量大致为美国的一半（见图10）。然而，截至2013年6月，全国中小企业股份转让系统，即新三板，仅有237家公司挂牌。各地方股权交易中心的挂牌企业总数接近2000家，但成交量较低，实质作用有限。

另外，从最新上市公司规模的角度看，我国上市公司以大型企业为主，缺乏中小微企业。2012年在通过IPO审核的176家公司中，利润总额超过5000万元的公司达137家，占比约为78%，利润总额低于3000万元的上市公司仅有1家（见图11）。

(2) 我国债券市场发展相对滞后，非金融企业的债券发行量偏低

我国债券市场规模有进一步扩大的空间。2012年年底，我国债券市场（包括国债、金融债、公司信用类债）的总规模已相当于股票市场的110%，相较于2007年年底的27%已有了长足的进步。然而，若将债券市

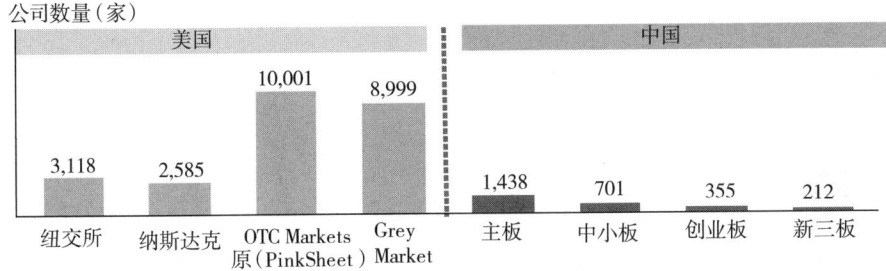

图10　中、美各板块上市公司数量对比

资料来源：美国金融业监管局，OTCBB，OTC Markets。

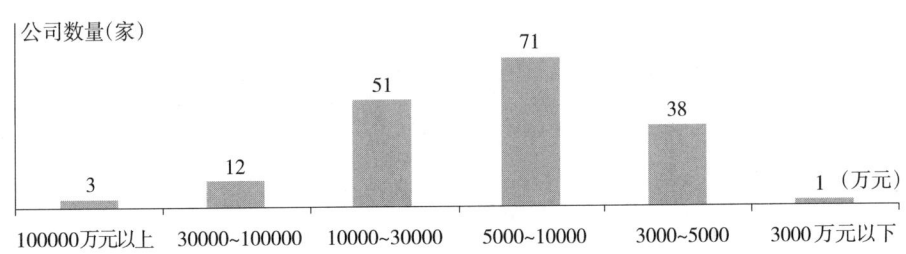

图11　2012通过IPO审核的公司的利润分布

资料来源：Wind。

场规模与国民经济总量相比，其比例仍然低于其他成熟市场。截至2012年年末，我国各类债券余额仅相当于当年GDP的49%，而欧美发达国家债券余额与GDP的比例均在100%以上，因此我国的这一比例明显偏低。特别是国内非政府债发展不足，其余额占GDP的比重为30%，美国和日本已达到101%和66%（见图12）。我国的非政府债余额中仅有14%左右为非金融企业信用类债券，占GDP的比重为4%，远远低于美国、英国与日本的水平（见图13）。

我国债券市场除了滞后于经济发展外，还存在结构品种不够合理的问题。债券持有人过度集中于商业银行，金融风险尚未得到有效分散和化解，且信用等级分布高端化。截至2012年年底，商业银行持有全部债券余额的62%，持有公司信用类债券余额的40%。

【改革实践】

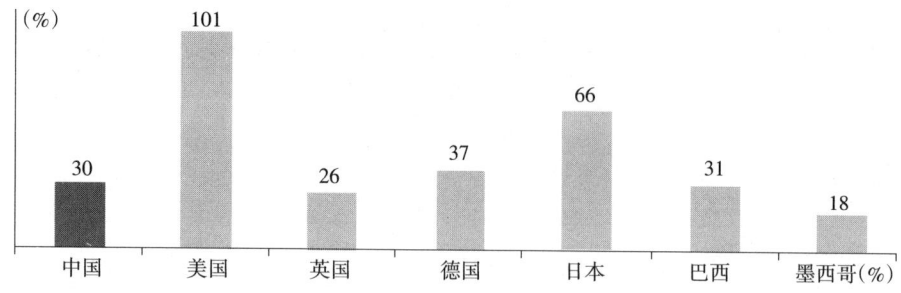

图12　2012各国非政府债券规模与GDP之比

资料来源：国际清算银行，彭博。

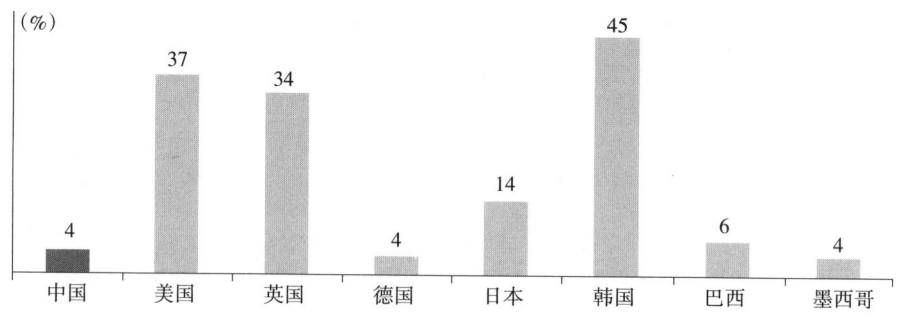

图13　2012各国非金融公司债规模与GDP之比

资料来源：国际清算银行，彭博。

7. 城镇化急需资本市场提供融资平台

在城镇化进程中，需要开展大规模的基础设施建设。资本市场既可以支持符合条件的基础设施、公共事业、能源等行业的企业发行上市，还可以通过发债、项目融资、资产证券化等方式帮助筹集资金。我国目前的城镇化率为52%，而发达国家平均水平为70%。城镇化率每提高1个百分点，就对应有1000多万人口进入城镇，而对应的投资需求会增加1万亿元。基础设施投资具有周期长、收益低的特点，而发展资产支持证券化产品和类市政债产品均需要资本市场的支撑。形象地说，没有资本市场，城镇化便缺了一条腿。

8. 我国急需取得在期货市场的国际定价话语权

随着我国经济总量的不断增长，我国很多产品无论是生产量、消费量还是进出口量，都在国民经济运行中和国际市场上占举足轻重的地位。我国将加速推进城镇化，对基础性、战略性资源的需求较大。目前，我国石油消费约占全球的12%，钢铁、水泥、玻璃等原材料消费约占世界的1/2。发展有国际竞争力的期货市场，有利于提高我国对重要战略资源价格的影响力，保障国家核心利益。由于不具备本国价格发现机制，包括我国在内的东北亚国家在能源贸易中往往需支付额外费用，其中一项费用为原油贸易中的"亚洲溢价"。目前我国原油等基础原材料进口还在快速增长，原油等期货品种早日推出可以避免更大的损失（见图14）。同时，应加快推进利率市场化和人民币国际化改革，以发展多元化的金融衍生品，满足经济和金融不断增长的风险管理需求。

9. 我国证券期货机构服务于中国经济对外开放进程的能力不足

我国每年有大量企业参与海外并购重组，但很少有国内中介机构能为其提供服务（见图15）。与国际大型金融服务机构相比，我国证券期货机构的资产规模小、盈利模式单一、整体实力较弱的状态并未从根本上得到改变。证券期货机构对外开放的程度与国际大型金融服务机构的差距更大。

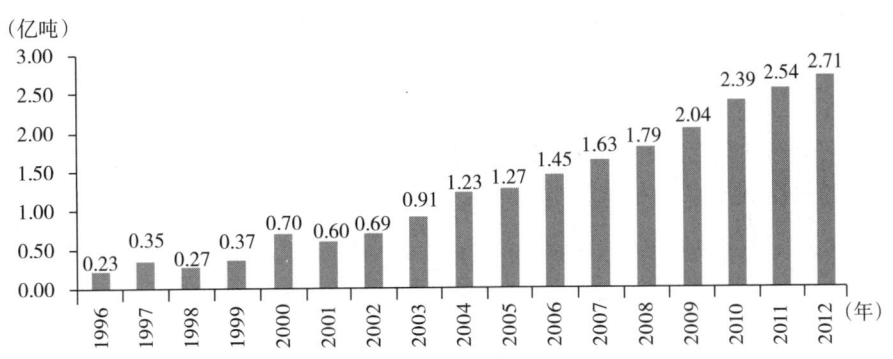

图14　1996~2012年中国原油进口量

资料来源：海关总署，EIA，北京证券期货研究院。

【改革实践】

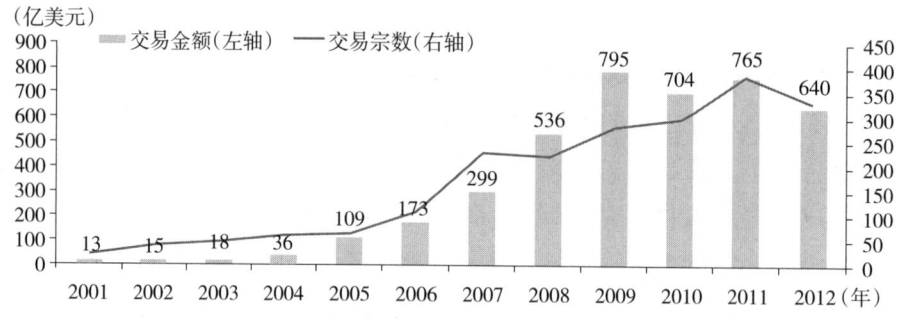

图15 2002~2011年我国企业海外并购交易情况

资料来源：根据公开资料整理。

2012年年底，我国证券公司总资产有1.72万亿元，有净资产6973亿元。相比之下，2012年年底，高盛集团的总资产为9650亿美元，超过我国证券公司总资产的3倍。

10. 我国机构投资者在市场的占比较低，长期资金的参与度不高

我国股票市场中的个人投资者比例高，交易频繁，换手率高，不够成熟。目前A股市场的投资者账户总数达到1.68亿户，其中个人投资者账户超过99%。截至2012年年底，个人投资者持有A股流通股市值的比例为25.3%，但却在全年贡献了80.9%的交易量。

以证券投资基金为主的机构投资者有待进一步发展和多元化。目前我国已形成了以证券投资基金为主体的机构投资者队伍，其市场影响力也比较显著。然而，与成熟市场的同行相比，目前我国的机构投资者短期投资的特征依然比较明显，同时在投资理念、投资策略、投资标的等方面有进一步多元化的必要和空间。此外，受其历史较短以及长期以来偏重于偏股型基金的因素影响，我国公募基金的行业规模和发达程度大大落后于其他重要的成熟和新兴市场。根据国际机构的统计，2011年年底，我国公募基金资产净值规模为3390亿美元，绝对规模排在世界第三梯队，仅为当年GDP的5%（见图16）。

与证券投资基金相比，我国的长期资金进入资本市场的资金量较少，参

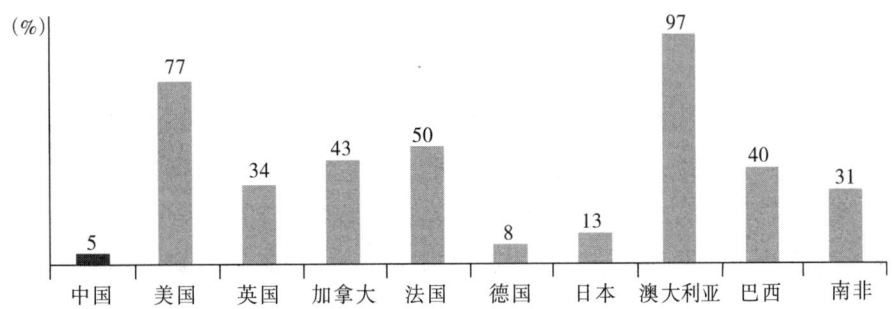

图16 基金净资产规模与GDP之比

资料来源：ICI，IMF（2011年）。

与程度偏低。社保基金、住房公积金、养老金、企业年金以及保险机构等拥有庞大的资金量。但长期以来，其投资范围受到严格限制（见图17）。我国目前尚未建立引入各类长期资金进行市场化投资运营的制度，因此亟待建立配套的法律基础和协调机制。

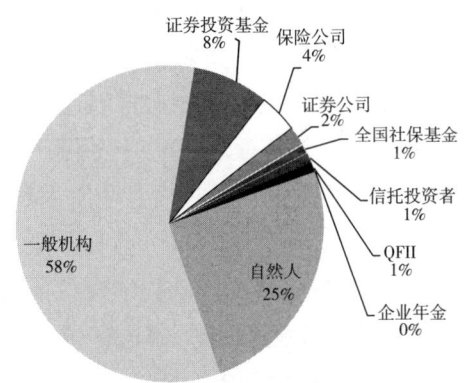

图17 2012年年底各类投资者持有流通A股的份额

资料来源：我国证券期货统计月报（2012年12月）。

11. 我国资本市场现有的开放程度已不能满足其自身和实体经济的需求

在融资方面，一方面中小型民营企业的境外融资需求受现有法律规则的限制难以得到满足，另一方面"小红筹"公司尚未被纳入有效监管，境外上市公司良莠不齐。B股市场融资渠道不畅，日趋边缘化。在投资和

【改革实践】

机构开放方面，普遍存在"引进来"步伐较快，"走出去"相对滞后的问题。总体来讲，随着外部环境的不断改变，资本市场现有的开放程度已不能满足其自身和实体经济的内在需求。同发达市场甚至某些新兴市场相比，我国的资本市场依然相对封闭，许多制度规则尚待同国际普适性规则保持一致。我国目前在融资、投资、机构开放以及地域开放等方面都存在开放程度同开放需求不匹配的情况。因此必须立足于对资本市场运行机制和我国面临的内外部环境的深刻认识，着力解决对外开放的薄弱领域和关键环节面临的问题，全面提升市场的整体开放水平，更好地满足实体经济的金融服务需求，服务于调整中国经济结构和使中国经济融入全球经济体系的发展战略。

(三)我国资本项目可兑换和利率、汇率市场化改革稳步推进

2013年5月18日，国务院批转国家发展改革委《关于2013年深化经济体制改革重点工作的意见》，再次明确我国将稳步推进人民币资本项目可兑换和利率汇率市场化改革。此举也被市场解读为"再次吹响金融市场化改革号角"，这意味着"两率"改革进入加速通道。这些相关改革措施正在逐步消除长期以来制约我国资本市场对外开放的政策障碍，这不仅为我国资本市场进一步对外开放提供了历史机遇，而且也对我国资本市场提出了更高的要求。

资本市场的进一步对外开放将成为推动我国资本项目可兑换的"前沿阵地"，而资本的自由流动将对货币政策的制定构成一定的挑战，使我国的货币政策只能在汇率稳定和利率独立性两者之间选择其一，否则会陷入蒙代尔"不可能三角"，带来金融市场和整个经济的震荡。因此，资本市场对外开放须与外汇管制的放松乃至取消保持步调一致，并且必须配套进行利率和汇率的市场化改革，以确保对外开放进程的平稳推进。

(四)随着全球经济一体化，境内外市场联动性不断增强，国际竞争日趋激烈，我国资本市场面临的挑战不断加大

1. 对外开放增强了我国市场与国际市场的协同性

在资本市场开放的条件下，本国市场和国际市场的关联度加大，其他国家市场的动荡可能对我国资本市场造成影响，而外国投资者的进入或退出也会加剧我国资本市场的价格波动。世界银行曾对14个国家资本市场开放后股票市场各种指标的变动情况进行研究，发现其中7个国家的波动性明显增大，4个国家没有明显变化，仅3个国家的波动性略有降低。目前，我国资本市场在规模和深度方面还有待提高，金融产品也比较单一，缺乏有效的对冲机制，容易受到国外市场波动和资金大规模进出的冲击。因此，需要加强对国际经济金融形势的研判和对资本项下短期流动性的分析，及时制定预案加以防范。

尤其当危机发生时，国际市场的联动性会明显提高，主要市场股指相关系数会比平时更高。2008年金融危机爆发后，各国在控制风险蔓延、维护金融稳定等方面都采取了比较相近的政策，因此这些成熟市场大的运行环境也趋于相似，股市的走势也大致相同。无论是风险的暴露，还是新政策的推出，各国在时间上基本保持同步，股市的联动性也就愈加突出（见图18）。

在QFII开放后，我国股市联动特征更明显。实证结果表明，在我国股市对境外合格机构投资者开放后，中国内地股市与周边股市的波动风险传导关

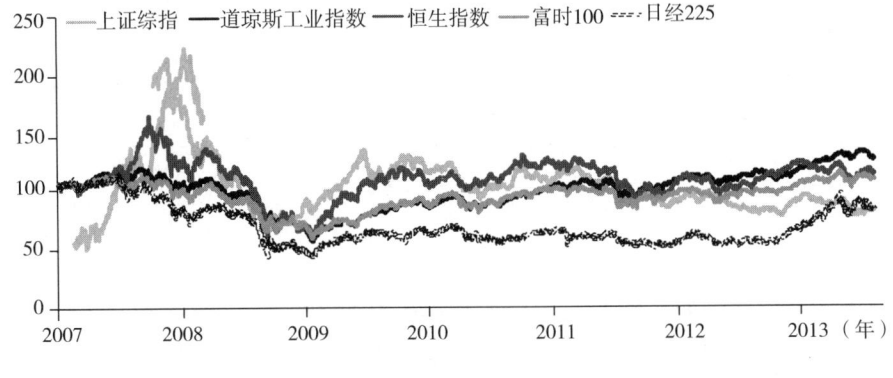

图18　世界主要股指走势

资料来源：Wind。

【改革实践】

系明显异于对QFII开放之前和整个样本期的风险传导关系,上海股市与香港、伦敦、纽约股市间的波动风险传导关系均显著增强(见表1、表2、图19)。

2. 国际市场对优质上市资源和市场资金的争夺

国际资本市场的一个发展趋势是强者愈强,弱者愈弱。国际市场正酝酿着金融版图的整合和扩张,以吸引优质上市资源和资金流入。20世纪最

表1 金融危机前主要市场股指相关系数

	伦敦	纽约	东京	上海	巴黎	法兰克福	香港	新加坡
伦敦	1.0000							
纽约	−0.0795	1.0000						
东京	0.3883	0.1401	1.0000					
上海	0.2278	0.0044	0.2664	1.0000				
巴黎	0.0480	0.4931	0.3831	0.0809	1.0000			
法兰克福	0.0628	0.4708	0.3639	0.1080	0.9373	1.0000		
香港	0.3257	0.0331	0.3174	0.2092	0.2532	0.2612	1.0000	
新加坡	0.2939	0.2072	0.6719	0.2829	0.4134	0.4001	0.3337	1.0000

资料来源:Wind。

表2 金融危机时主要市场股指相关系数

	伦敦	纽约	东京	上海	巴黎	法兰克福	香港	新加坡
伦敦	1.0000							
纽约	0.0350	1.0000						
东京	0.4766	0.3502	1.0000					
上海	0.2895	0.1685	0.4228	1.0000				
巴黎	0.2414	0.5635	0.5020	0.1977	1.0000			
法兰克福	0.1964	0.6458	0.5007	0.2223	0.9140	1.0000		
香港	0.5225	0.0218	0.2015	0.1073	0.2215	0.0834	1.0000	
新加坡	0.2909	0.3953	0.6152	0.3954	0.5405	0.5096	0.2764	1.0000

资料来源:Wind。

后10年以来,全球共发生了30次以上的交易所并购案。而在新兴市场,交易所并购也烽烟四起。例如,印度一直试图参与泛非交易所的组建;韩国连续入股老挝和柬埔寨交易所,试图扩展其在亚洲金融市场的战略地位和影响力。我国资本市场在深度、广度、效率方面还与发达市场有较大差

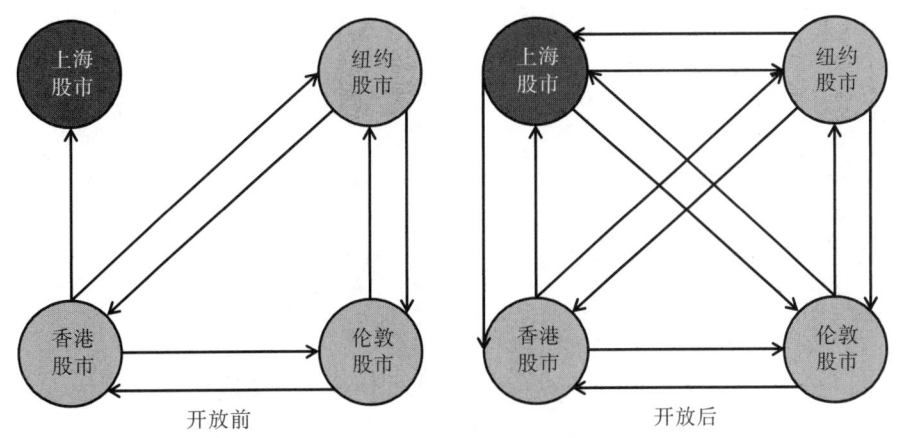

图19 国内股市对QFII开放前后的波动风险传导关系图
资料来源：根据公开资料整理。

距，抗冲击能力远远不足，而资本市场的对外开放将放大这种外部竞争的压力。阿根廷就是一个典型的反面案例。在其自身市场不发达，融资能力有限的情况下，阿根廷在20世纪80年代中有约2/3的本土公司选择在海外上市，使本国资本市场失去了发展的基础。因此，面对日趋激烈的国际竞争，我们必须有全局思维和顶层设计，加快资本市场建设的步伐，努力提高自身竞争力。

3. 国际金融机构对本土机构形成竞争态势

随着我国资本市场的进一步开放，更多的国外金融机构进入我国，原有的行业均衡将被打破。尤其是业务运作经验丰富，风险管理制度成熟的大型国际金融机构，或将在短期内对金融行业形成较大的冲击。目前，国内资本市场中介机构在专业化服务水平、资本规模和创新能力等方面均难以与国际机构抗衡。因此，在资本市场对外开放进程中，必须注意开放的方法和步骤，防止境外机构大量挤占行业发展空间，压制本土机构的发展壮大（见图20）。需要在引入境外主体增强行业整体竞争力和发挥本土机构比较优势中寻求平衡，并通过出台切实可行的政策措施，帮助本土机构应

【改革实践】

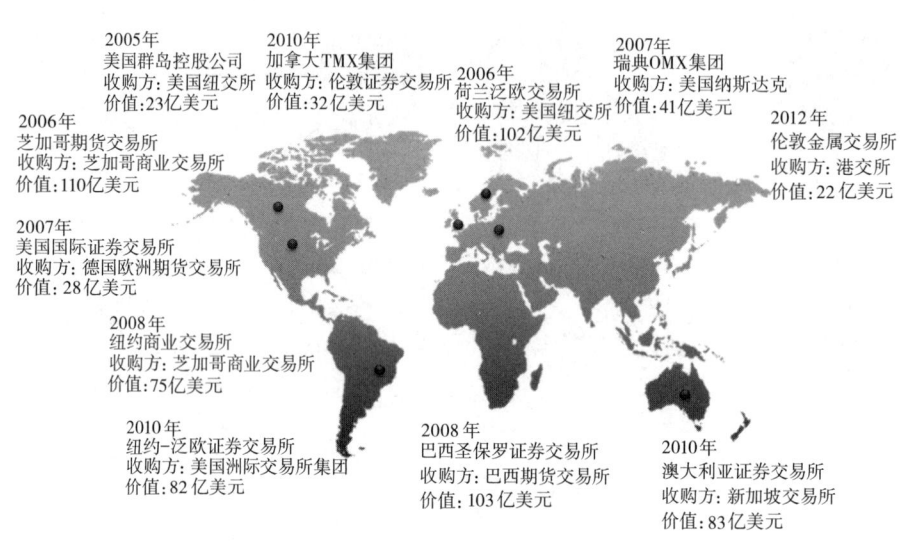

图20　公元2000年以来，全球已完成的证交所重大并购案
资料来源：根据公开资料整理。

对行业的短期冲击。

（五）资本市场的对外开放进程对监管提出了严峻的挑战，国际监管博弈与合作也在不断加强

国内现有的资本市场法律体系和监管制度主要依据国内市场当前运行情况制定，而在资本市场开放后，我国的金融机构和投资者将遍布全球市场，境外机构和投资者也将广泛参与国内市场，由此带来更多跨境监管问题。在资本市场开放过程中，金融创新必将更活跃，而新金融工具的引入会对监管提出挑战。另外，现行法律体系有关涉外监管和执法合作方面的规定严重欠缺，跨境执法合作机制的操作性不足，急需修订完善。随着证券市场开放程度提高及对高科技手段的运用，跨境证券违法犯罪行为日益增多，其复杂性和隐蔽性日益增强，因此急需增强监管机构的执法权力、充实执法手段。

因此，我国监管部门须保持与国际监管同行和国际组织的合作与交流，增进互信，加强监管合作与执法协助，并及时调整相关法律法规和市场监管体系，以满足开放型资本市场的监管要求，适应未来市场格局的巨大变化。

三、资本市场对外开放的国际比较

（一）资本市场对外开放的策略选择

资本市场对外开放的模式大致分为两类，即直接开放模式和间接开放模式。其中，直接开放模式又分成完全直接开放和渐进直接开放两种模式。完全直接开放是指完全没有或者在较短时间内完全取消非本国居民、法人直接投资国内资本市场的限制。完全直接开放的代表性国家有美国、英国、阿根廷等。渐进直接开放策略是指虽然允许非本国居民、法人投资国内资本市场，但在投资领域、投资比例、机构设立、投资程序及公司的控股权等方面都有严格的规定，并逐步放松限定条件，以实现完全开放。渐进直接开放的代表性国家有韩国、日本、马来西亚等。间接开放策略是指非本国居民、法人通过某种形式或某种金融工具如投资基金、凭证等投资本国证券市场。间接开放的代表性国家和地区有印度、中国台湾等。

1. 英国的经验和教训

（1）金融服务业的长期培养和有针对性的建设

英国金融业的发展历史悠久，资本市场的成熟度高，金融市场覆盖整个欧洲大陆乃至世界。伴随着英镑在19世纪之后成为国际主要货币，伦敦也成为全球最大的外汇交易中心。时至今日，伦敦具有国际上规模最大的外汇市场，产品种类多样、设计灵活。但在英国金融业的发展进程中，尤其是第二次世界大战后，英国实行了欧洲最广泛的国有化计划和严厉的政府管制，导致经济结构僵化，金融管制苛刻，伦敦金融业务的相对地位开始下降。在这种环境下，英国开始了对外开放的改革。

（2）主动的有前瞻性的开放

【改革实践】

20世纪80年代，随着世界其他国家的金融中心业务蓬勃发展，英国政府意识到英国金融行业因缺乏竞争活力，而可能面临丧失在全球领先地位的危机。因此，撒切尔政府果断发动了以金融综合经营为特征的金融服务业自由化的改革，通过解除管制引入竞争，将伦敦金融城全面推向国际市场。这次英国金融大爆炸给英国金融市场注入了活力，并使外国金融机构大举进入英国金融市场，提升了伦敦金融城的国际地位。

在金融大变革期间，英国政府每一年都会公布白皮书和法案，在金融改革后期提出的法案或白皮书通常最具代表性。所以说英国的金融大爆炸不是"亡羊补牢"，而是有前瞻性的战略性改革。

（3）对内改革和对外开放并举

英国对外开放的另一个特征便是同时进行了对内改革和对外开放。例如，1983年英国政府和伦敦证券交易所签订了著名的Parkinson-Goodison改革协议，交易所会员同意在3年之内放弃固定佣金制，同时结束自身的垄断地位，接受外国公司成为交易所的会员。在对内放松管制的同时，英国向外开放了金融服务业。英国的金融改革推动了金融机构的混业经营，提升了本国金融机构的市场竞争力，并以良好开放的行业环境和健全的监管体系吸引国际资本的进入，为外国和本土金融机构提供平等的竞争平台。

2. 日本的经验和教训

（1）改革时机选择错误

日本在20世纪80年代的渐进式改革中，共用了14年的时间才实现利率自由化。改革的过渡时间过长，导致了金融发展的不均衡，妨碍了业内的合理竞争。

1996年年底，日本采取激进式改革模式，推出了新的金融体制改革计划，被称为日本版的金融大爆炸。但其时机选择不好，在改革方案实施时，日本经济正处于泡沫经济崩溃后的低迷阶段，同时亚洲金融危机的爆发又使本就低迷的经济雪上加霜。相较于英国的金融大爆炸，日本金融大爆炸错过了改革的最佳时机，被动改革的特征明显，使改革不能按预期计划推行下去，总体上改革远没有达到预期效果。由此可见，改革时机的选择非常重要。

(2) 改革缺乏国内支持

日本金融行业受政府保护严重，改革触动了银行和大集团等金融行业的各利益集团的经济利益。日本在改革的规划阶段却未对该问题予以足够重视，政策的制定没有充分权衡社会各个主体之间的利益关系，以致一经出台就遭到了各界抵制，甚至政府内许多官员也持反对态度。同时，日本的改革方案缺乏中长期、持续性的规划，最终导致改革以失败告终。所以，改革要与经济发展环境和能力相适应，注意经济对改革的承受能力，同时也要权衡好各方的利益关系。

(3) 对外开放条件下宏观政策的失误

在对外开放的进程中，日本央行的货币政策集中在对外调节上，通过大幅度调低利率来阻止货币升值，从而致使其利率政策失去独立性。同时，日本对资产价格的管制日益放松，使市场的流动性泛滥，并引发市场投资泡沫。而随之而来的泡沫破裂导致了日本经济的萎缩，并造成日本大量银行和企业的倒闭。从20世纪90年代开始，日本经济就陷入了"通货紧缩—资产缩水—GDP萎缩"的恶性循环。

(4) 资本市场对外开放应掌握主动权

日本应在经济高速发展时期，主动地创造条件，抓住时机开放资本市场，并在累积一定的贸易顺差时，采取主动态度开放市场，在日元大幅升值前准备好应对措施。应该意识到拖延市场的开放只可能带来更高的改革成本。

3. 印度的经验和教训

(1) 在对外开放的同时，应保持经济稳定增长和加快国内改革步伐

2008年金融危机发生后，印度国内经济比较稳定的增长趋势在一定程度上保证了其证券市场的稳定；当时外资出于风险控制的考虑而撤离印度市场的现象也有发生，但产生的负面影响有限，这体现了外国投资者对印度经济的信心。然而，金融危机至今，印度国内的改革严重滞缓，内需不足，基础设施落后，经济后续增长动力不足；在持续出现财政赤字、贸易赤字以及国

际资本向美国等成熟市场回流等不利因素的影响下，国际上对印度经济增长的信心不断削弱。2013年年初至2013年8月，印度卢比大幅贬值达17%，股指波动率指数达20个月最高点。

（2）市场化土壤中较易加速对外开放

印度资本市场的历史是从1875年孟买交易所（Bombay Stock Exchange）建立开始的，拥有超过130年的历史，其金融法制和资本市场都比较完备，市场的效率也较高。但其对外开放是自1991年起从零起步的，在短短5年的时间内，就已经实现了对外资机构准入的全面开放，较其他新兴市场而言速度是惊人的。印度的直接融资规模已经接近或超出其间接融资的规模，市场结构完整、运营机制透明并且投资者素质较高，可以说资本市场发展水平在某种意义上已经超前于经济发展水平。以上优势与印度承接英国殖民时期的经济自由主义和英、美法制体系不无干系，以证券发行体制改革为例，印度较容易地实现了从行政审批向以信息披露为主的转变。另外，总体而言印度对其本国公民与机构赴海外直接投资的要求比较宽松，除对银行、房地产等特殊领域的限制比较严格之外，其余领域（包括证券领域）均允许投资。

（3）印度制度改革的特殊难点

印度民族众多，宗教体系复杂，同时宗教在社会经济中占有特殊地位，这使其国民经济在改革进程中经常遇到各种阻力，这也是印度的资本市场形成很早，但改革的进程很慢的原因之一。印度的行政高成本也制约了政府利用外资政策的制定和实施。此外，腐败在印度也是一个长期存在的问题，间接影响了印度金融市场的运行效率。

4. 韩国的经验和教训

（1）通过对外开放推动资本市场"机构化"，从"新兴"走向"成熟"

通过逐步向国际资本开放，韩国资本市场的投资者结构从以个人投资者为主转变为以机构投资者为主。2001年，外国机构投资者占韩国证券市场全部外国投资者的60%，其所占的市场份额甚至明显高于国内机构投资者。研究表明，外国机构投资者更重视中长期投资、组合管理和风险管理，将成熟市场的长期、价值投资理念与策略带入了韩国。同时，国际机构投资者的参与有效地提高了三星等韩国企业的公司治理水平，为其近年的高速发展奠定了基础。有国际舆论认为，韩国市场已经从新兴市场成功步入成熟市场的行列，而对外开放在其中起到了决定性的作用。

（2）外资的进入提高了信息效率和市场的有效性

从韩国资本市场开放后的股价波动走势来看，原有的股价操纵现象得到了遏制，价格逐渐趋向于由专业的机构投资者之间的博弈来决定。此外，外资通常青睐韩国的绩优蓝筹股而不参与短期的投机炒作，提升了市场价格的有效性。由于绩差的企业无法获得资金，迫使其加强经营管理，完善内部治理，从而逐步转变了经营理念。

（3）开放后受外部冲击影响的频率增多，风险防控难度加大

韩国的资本市场对外开放进程中出现了多次外部危机，其中1994年墨西哥危机发生后出现的一次外部冲击较大，随后的4年内尽管政府8次放宽对外资持股比例的限制，都未能扭转证券市场的跌势，KOSPI指数从近1200点跌至300点左右。外资的高参与度是把双刃剑。在国际资本流动较活跃的时期，韩国资本市场遭受资本外逃带来的负面影响较外资份额低的市场更大，1998亚洲金融危机和2008金融危机都是鲜明的佐证，但这同时也为其进一步改革带来了动力。20世纪90年代韩国在固定汇率制度下逐步开放资本市场，虽然这可减少产出波动和信贷波动，但代价是加大了央行货币政策调控的难度，甚至可能产生银行体系中道德风险的行为；之后韩国改为实行浮动汇率制度，在2008年金融危机后其货币受到重创，大幅贬值，且韩国短期外债规模较大，导致外国投资者进一步丧失信心。

（二）成熟与新兴资本市场对外开放经验比较

成熟资本市场是在经济开放和经济实力较强的条件下形成的，故其在发展早期便带有开放和国际化的属性。成熟资本市场往往是市场运行规则和国际惯例的制定者，甚至于主导着国际市场利率、主要货币汇率和主要股市的走势。一般成熟资本市场已经实现资本项目下货币自由兑换，常采用完全直

【改革实践】

接开放的模式。

同成熟资本市场相比，发展中国家资本市场对外开放所处的环境要更加复杂。大多数发展中国家是在发达国家和国际经济组织的压力下而开放的，比如说发达国家和国际经济组织会在其对发展中国家的援助过程中要求后者实行经济自由化改革以及开放证券市场。新兴市场对外开放时的特点，一是发展起步晚，基础条件不具备；二是风险高于成熟市场。故开放初期一般采用间接开放或渐进式直接开放模式，以降低风险。

新兴市场对外开放过程中面临的主要风险包括以下几个方面。第一，面对国际资本尤其是短期国际资本流动的加速，在金融体系缺乏弹性等情况下，对外开放会造成国内资本的流失。第二，国际资本的流入很容易加大资产泡沫以及金融风险，同时外资的快速撤离会引致泡沫破裂。第三，新兴市场容易形成大量外债，加大其国际资本项目的收支逆差。

四、我国资本市场进一步对外开放的目标与战略

（一）我国资本市场进一步对外开放的目标

我国资本市场对外开放应当以我国本土资本市场的强大为核心目标。一个强大的资本市场不仅有助于推动我国实体经济的升级转型与可持续发展，而且有助于培养我国本土的国际化、专业化金融人才，催生强大的本土金融产业和金融机构，最终实现与国际资本市场的公平竞争、合作共赢。

我国资本市场对外开放的目标与资本市场自身发展的目标高度一致。2020年，我国资本市场将基本完成转轨，步入从新兴市场向发达市场的过渡阶段。与此同时，我国资本市场也将成为充分开放、具有国际竞争力的资本市场，并推动我国经济社会各项目标的实现。

（二）我国资本市场进一步对外开放的战略

1. 对内开放与对外开放并举，以开放促改革

所谓对内开放，是指加快市场化改革，具体包括在产品和业务的准入、

金融机构的激励机制等方面简化审批程序和增强有效竞争。所谓对外开放，是指引进外部竞争变量，使我国资本市场从制度建设、市场结构等方面更加符合资本市场发展的一般规律。在两者的关系上，对内开放与对外开放应当并举，对内开放甚至更加重要。

对我国资本市场来说，对外开放本身并不是目的，对外开放的目的是以开放促改革。我国30年改革开放的实践经验表明，对外开放极大地推动了改革，促进了经济运行的各项基本规则与国际接轨。我们应该抓住机遇，有效利用未来一段时期经济稳定发展和人民币国际化进程有序推进的重要时间窗口，加快我国资本市场的对外开放进程，并以此推进资本市场其他改革举措，全面提高我国资本市场的国际竞争力，服务社会经济发展，完成十八大提出的2020年发展目标。

2. 合理控制开放节奏，坚持渐进式开放道路

从各国经验来看，资本市场对外开放的效果与其开放的节奏密切相关。一些国家或地区开放节奏过快，不仅本土证券服务业受到冲击，还导致风险积累，甚至酿成金融危机；另一些国家或地区片面强调稳定，结果开放步伐过慢，错过了开放的最佳时机，难以实现开放的目标。

我国资本市场在进一步对外开放的过程中，应当事先做好规划，合理控制开放节奏，坚持渐进式开放道路，使开放进程有条不紊地进行，最终取得比较理想的开放效果。

3. 合理安排开放顺序，与金融市场整体的开放协调推进

《关于2013年深化经济体制改革重点工作的意见》相关改革措施正在逐步消除长期以来制约我国资本市场对外开放的政策障碍，这不仅为我国资本市场进一步对外开放提供了历史机遇，而且提出了更高的要求。

国际经验教训表明，资本市场的对外开放必须与其他金融领域的开放保持良好的协调和配合。我国资本市场的对外开放也应当遵循资本市场对外开放的一般规律，与利率和汇率的市场化改革、资本项目可兑换，以及外汇管制的放松统筹安排、协调推进，按照一个合理的顺序有序进行。

4. 严密防范系统性风险，确保我国金融体系的稳定

【改革实践】

对外开放是一个机遇与挑战并存的过程。我国资本市场是一个新兴加转轨的市场，自身仍存在一些问题，对外开放更可能带来许多我们估计不到的风险。具体而言，一方面，境外对冲基金及其他热钱可能通过各种途径进入我国资本市场，增加市场运行的复杂性和不确定性；另一方面，影响国际市场的宏观经济因素如原油价格、基础性原材料价格的大幅波动通过市场化定价机制将迅速传导到国内期货、股票市场，进而影响资本市场的整体运行。

因此，在资本市场对外开放的过程中，我们要学会面对和化解各种可能风险，应当牢牢守住不发生系统性风险的底线，确保我国金融体系的稳定。

5. 不断提高监管水平，加强跨境监管与执法合作

随着我国资本市场的开放程度越来越高，跨境证券违法犯罪行为不仅数量日益增多，而且复杂性与隐蔽性日益增强。在这种情况下，单一的国内立法与执法显然力不从心，跨境监管与执法合作的重要性日益突显。在这样的背景下，证监会应当在增强执法权力、充实完善执法手段的同时，大力推进与境外证券监管机构之间的监管与执法合作，通过多层次的协调与安排，提高监管水平，实现证券监管的目标，从而保障我国资本市场的稳定和良性运行。

The Opening-up Strategy of China's Capital Market

QI Bin

(China Securities Regulatory Commission)

Abstract: The development history of China's capital market is one that coincides with and promoted by the opening-up process of the market. China's capital market experienced dramatic changes over the past two decades, with its regime, mechanism and regulation framework significantly improved to be basically compatible with international standards. However, China's capital market still needs further enhancement in terms of market efficiency, effectiveness and openness if compared to other major developed and emerging markets. Now in the face of new trends and changes in the international environment, the level of openness of China's capital markets is far from adequate to meet the demands of itself as well as Chinese economy.

International experiences suggest that market opening-up is the major means to improve the international competitiveness of one country's capital market. At present, it is important to formulate long-term policy measures to improve market accessibility and openness under the principle of "promoting reforms through opening-up" and the premise of financial stability, so as to help build a capital market that can better serve the real economy's structural transition and facilitate the integration into the global financial market.

Keywords: Capital Market, Opening-Up, International Comparison, Strategy

【改革实践】

新型农业经营主体的概念特征和制度创新*

◎ 宋洪远　赵　海

摘要：本文探讨了新型农业经营主体的基本概念和特征，指出新型农业经营主体主要包括专业大户、家庭农场、农民合作社、龙头企业和农业社会化服务组织，具有市场化、专业化、规模化、集约化的特征。培育新型农业经营主体，要处理好各类主体间的关系，发挥各类主体的比较优势，根据各类主体的功能定位把握好发展方向，积极创新土地、资金、人才等方面的政策措施，为新型农业经营主体发展提供良好的制度环境。

关键词：新型农业经营主体　规模经营　家庭经营　土地制度

作者宋洪远系农业部农村经济研究中心主任；赵海就职于农业部农村经济研究中心。

* 本文为中国金融四十人论坛（CF40）与中国农业银行联合发起成立的中国农村金融论坛的内部立项课题"加快培育新型农业经营主体发展适度规模经营"的部分成果，课题报告经中国金融四十人论坛组织专家评审。

进入21世纪以来，随着我国工业化、城镇化进程加快以及农村劳动力大量向城镇和非农产业的转移，"谁来种地"的问题凸显出来。培育壮大规模化、专业化、集约化和市场化的农业经营组织，创新农业经营体制机制的要求日益迫切。正是在这种时代背景下，党的十八大报告明确提出，要发展多种形式规模经营，构建集约化、专业化、组织化、社会化相结合的新型农业经营体系。十八届三中全会提出，要坚持家庭经营在农业中的基础性地位，推进家庭经营、集体经营、合作经营、企业经营等共同发展的农业经营方式创新。可以说，发展各种类型的新型农业经营主体和推进规模经营，已成为我国加快现代农业建设，推进工业化、信息化、城镇化和农业现代化同步发展的战略性选择。因此，对新型农业经营主体的概念、内涵、背景进行探讨，深入分析各类经营主体的特点和问题，进而提出促进新型农业经营主体发育和规模经营的政策建议，具有很强的现实意义。

一、新型农业经营主体的基本内涵

2012年以前，"新型农业经营主体"一词只是在部分理论研究和政策研究的文章中被提及。2012年以后，新型经营主体开始出现在中央和地方的官方文件中，如浙江正式出台了《关于大力培育新型农业经营主体的意见》，2012年年底的中央农村经济工作会议上正式提出要培养新型经营主体。对新型农业经营主体的内涵，浙江省在《关于大力培育新型农业经营主体的意见》中提出，"新型农业（含林业、渔业，下同）经营主体是指在家庭承包经营制度下，经营规模大、集约化程度高、市场竞争力强的农业经营组织和有文化、懂技术、会经营的职业农民"。对新型农业经营主体的内涵，其他研究者并没有进行规范的界定，仅指出了其包括的主要类型。

界定新型农业经营主体，需要从其提出的两个背景分析。一是新型农业经营主体是相对传统的小规模、自给半自给农户家庭经营提出的，克

【改革实践】

服了后者在规模经济、要素利用效率等方面的缺陷,具有经营规模较大、劳动生产率较高、商品化程度高等特征。二是新型农业经营主体是在构建新型农业经营体系,建设有中国特色农业现代化道路的背景下提出的,因此既要有较高的物质技术装备水平和经营管理水平,也要适合我国人多地少的国情,不能盲目追求经营规模,而是要规模经济和土地产出率并重。这也是中央从以往的"规模经营主体"转变为"新型经营主体"的一个考虑。综上所述,可以把新型农业经营主体定义为:具有相对较大的经营规模、较好的物质装备条件和经营管理水平,劳动生产、资源利用和土地产出率较高,以商品化生产为主要目标的农业经营组织。

与传统承包农户"小而全"的经营方式相比,新型农业经营主体的特征主要表现在以下四个方面。一是以市场化为导向。自给自足是传统农户的主要特征,因此传统农户的农业产品的商品率较低。在工业化、城镇化的大背景下,根据市场需求发展商品化生产是新型农业经营主体发育的内生动力。无论是专业大户、家庭农场,还是农民合作社、龙头企业、社会化服务组织,都围绕着提供农业产品和服务组织开展生产经营活动,商品化率和经济效益明显高于传统农户。二是以专业化为手段。传统农户的生产"小而全",兼业化倾向明显。随着农村生产力水平的提高和分工分业化的发展,无论是种养、农机等专业大户,还是各种类型的农民合作社,都集中于农业生产经营的某一个领域、品种或环节,开展专业化的生产经营活动。三是以规模化为基础。受过去低水平生产力的制约,传统农户扩大生产规模的能力较弱。随着农业生产技术装备水平的提高和基础设施条件的改善,特别是随着农村劳动力转移后释放出大量土地资源,新型农业经营主体为谋求较高收益,会着力扩大经营规模、提高规模效益。四是以集约化为标志。传统农户缺乏资金、技术,主要依赖增加劳动投入来提高土地产出率。而新型农业经营主体能发挥资金、技术、装备、人才等优势,有效集成利用各类生产要素,增加生产经营投入,其生产技术水平高,具有现代经营管理意识,大幅度提高了土地产出率、劳动生产率和资源利用率。

二、新型农业经营主体的主要类型

20世纪90年代中期以来，大量农村劳动力进城务工经商、农村土地流转增加，农业产业结构深入调整，为专业大户、家庭农场、农民合作社、龙头企业等各类农业生产经营组织的发育和成长提供了难得的机遇，而这些农业经营组织既是推动农业经营体制机制创新的主要力量，也成为新型农业经营主体的主要构成部分。在现有的文献中，新型经营主体一般被分为家庭农场、专业大户、农民合作社、农业产业化龙头企业和经营性农业服务组织。

家庭农场原是指欧美国家的大规模经营农户。2007年党的十七届三中全会首次提出在有条件的地方可以发展家庭农场，我国上海、吉林、安徽等地也开展了建设家庭农场的探索实践。结合国内外的经验，本文认为，家庭农场是在农村分工分业迅猛发展的背景下形成的，以家庭成员为主要劳动力，面向市场从事集约化、专业化、标准化、规模化、商品化生产经营，并以务农收入为家庭主要收入来源的微观农业经营组织。家庭农场是农业现代化进程中社会分工演进和加强的产物，是农业经营微观基础的再造。家庭农场具备的适度规模、家庭经营、集约生产的特点，决定其适合在第二、第三产业比较发达、劳动力转移比较充分、要素市场发育良好的地区开展农业种养业生产，为生活消费和工业生产提供初级农产品和加工原料。

相比家庭农场，专业大户是一个比较通俗的说法，目前还没有严格的概念界定。一般而言是指经营规模比传统承包农户大，从事某一品种或某一行业生产的农业经营者。从这个意义上讲，专业大户和家庭农场并没有实质性的区别。当然，我们也可以把家庭农场看成专业大户的升级版，是企业化、法人化了的专业大户，这个问题需要相关部门进行严格的界定。本文认为，当前无论在理论上还是在实践上，我国家庭农场发展都处于比较初级的阶段，不宜硬性规定须在工商或民政部门注册，符合家庭农场定义的经济组织只要在相关部门进行备案即可，以明确作为相关政策的扶持对象，是否进行

【改革实践】

登记注册应由家庭农场按自身实际来决定。专业大户和家庭农场仍然属于家庭经营的范畴。

农民合作社是指农民在家庭承包经营的基础上,按照自愿联合、民主管理的原则组织起来的一种互助性生产经营组织。农民合作社通过农户间的合作与联合,不仅解决了传统农户家庭经营存在的规模不经济缺陷,还通过技术、资金等合作,提高了农户生产的集约化水平。

农业产业化龙头企业是通过订单合同、合作等方式带动农户进入市场,实行产加销、贸工农一体化的农产品加工或流通企业。和其他新型农业经营主体相比,龙头企业具有雄厚的经济实力、先进的生产技术和现代化的经营管理人才,能够与现代化大市场直接对接。

经营性农业服务组织是指在产前、产中和产后各环节为农业生产提供专业化、市场化服务的经济组织,包括专业服务公司、专业服务队、农民经纪人等。经营性农业服务组织为小规模农户提供农机作业、病虫害防治、技术指导、产品购销、储藏运输等服务,解决了农户一家一户办不了、办不好的事情,降低了农户生产成本,提高了农户的资源要素利用效率。

三、新型农业经营主体的功能和定位

新型农业经营主体,是在坚持以家庭承包经营为基础上,创新我国农业经营体制机制、构建新型农业经营体系的骨干力量,是从事现代农业建设,保障国家粮食安全和重要农产品有效供给的重要主体。新型农业经营主体的发展,有利于形成多种生产经营组织共同协作、相互融合、具有中国特色的新型农业经营体系,推动传统农业向现代农业转变。

(一)从制度层面看,培育壮大新型农业经营主体是对我国以家庭承包经营为基础、统分结合的双层经营体制的完善

新型农业经营主体立足于家庭承包经营,通过土地流转,发展规模经营,提高农业比较效益,解决了工业化、城镇化大背景下谁来种地养猪的问

题，提高了农业综合生产能力，保障了重要农产品的有效供给。新型农业经营主体通过产前、产中、产后诸环节的专业化服务，提高了传统农户的集约化水平，实现了传统农户与现代市场的对接，推动了农业生产的组织化、社会化，巩固了以家庭承包经营为核心的农业基本经营制度。

（二）从产业发展层面看，新型农业经营主体是构建现代农业产业体系的依靠力量

龙头企业、农民合作社等新型农业经营主体，将先进的技术、资金和现代经营管理理念等要素引入农业，大力发展产后的加工和流通环节，延长产业链条，提高了农业附加值和比较效益，推动了现代农业产业体系的构建，提高了农业的市场竞争力和抗风险能力。

（三）专业大户、家庭农场、农民合作社和龙头企业在现代农业具有不同的定位和功能

专业大户、家庭农场作为规模化生产主体，承担着农产品生产尤其是商品生产的功能，发挥着对小规模农户的示范效应，向采用先进科技和生产手段的方向转变，增加技术、资本等生产要素的投入，着力提高集约化水平。农民专业合作社具有带动散户、组织大户、对接企业、联结市场的功能，应成为引领农民进入国内外市场的主要经营组织，发挥其提升农民组织化程度的作用。龙头企业是先进生产要素的集成者，具有资金、技术、人才、设备等方面的比较优势，应主要在产业链中更多承担农产品加工和市场营销的作用，并为农户提供产前、产中、产后的各类生产性服务，但不宜长时间、大面积租农民土地直接耕种。随着农民进城落户步伐加快以及户均耕地的逐步增加，专业大户和家庭农场未来有很大的发展空间，或将成为职业农民的中坚力量。

（四）承包经营农户与新型农业经营主体共同构建现代农业经营体系

构建新型农业经营体系是在坚持农村基本经营制度的前提下，对双层经

营体制的完善和发展。在"分"的层次，主要是培育家庭农场，提高家庭经营的集约化、专业化和规模化水平；在"统"的层次，主要是培育合作社、龙头企业和社会化服务组织，提高农业生产经营的组织化、产业化和社会化程度。但从我国基本国情出发，在当前和今后相当长一段时间内，广大承包农户仍将是农业生产经营的基本主体和重要基础，将与新型农业经营主体共同构建我国现代农业的经营体系。在这一体系中，承包农户是构建现代农业经营体系的基础，会随工业化、城镇化发展而逐步分化，它是其他主体扩大经营规模的源泉；家庭农场是构建现代农业经营体系的核心，能够有效集成现代农业生产要素，是今后商品农产品，特别是大田作物农产品的主要提供者，是发展合作经营的核心力量；农民合作社是构建现代农业经营体系的骨干，是引领家庭经营主体参与国内外市场竞争的重要力量，是联结各类农业经营主体的桥梁；龙头企业是构建现代农业经营体系的引领者，是使分散经营者有效对接社会化大市场的重要平台，是带动其他经营主体分享产业链增值收益的核心力量；农业社会化服务组织是构建现代农业经营体系的支撑力量，是维系其他农业经营主体健康发展不可或缺的重要依托，是推进现代农业发展的基本保障。

四、培育新型农业经营主体要处理好几个关系

我国有人多地少的特殊国情，各地资源要素禀赋、经济社会条件不尽相同，甚至差别较大；不同新型经营主体之间发展的条件、能力和速度不同，各自的需求也不同。因此，培育新型农业经营主体要立足于基本国情，考虑到区域差异，处理好重要关系，以促进各类主体的协调、健康、稳定发展。

（一）新型农业经营主体和传统农户的关系

新型农业经营主体是在农户承包经营的基础上发展起来的。在未来较长的时期内，农户在农业经营主体中占多数的格局不会改变，新型经营主体蓬勃发展的趋势也不会改变。在此过程中，处理好发展新型经营主体和扶持传

统农户的关系，对两者的协调发展非常重要。对此，需要把握两点内容。一是大量的传统农户会长期存在。家庭承包经营是我国农村基本经营制度的基础，传统农户是农业的基本经营单位。对大部分中老年农民来说，农业不仅是一种生产方式，还是一种生活方式。尽管农业经营收入在家庭收入中的比重可能大幅下降，但他们中相当比例的人仍然会坚持从事农业生产。日本、韩国的发展历程充分证明了这一点。因此，不能因为强调发展新型农业经营主体，就试图以新型农业经营主体完全取代传统农户，这是一个误区。而且，这些小规模农户存在先天不足，抗御自然风险和市场风险的能力较弱。在我国农业市场化程度日益加深、农业兼业化和农民老龄化趋势不断加快的过程中，传统农户的弱势和不足表现得更加明显。因此，在支持新型农业经营主体的同时，也要大力扶持传统农户。这不仅是发展农村经济、全面建成小康社会的需要，而且是稳定农村大局、加快构建和谐社会的需要。二是培育新型经营主体和扶持传统农户是相辅相成的。新型经营主体与传统农户不同，前者主要是商品化生产，后者主要是自给性生产。两者尽管有一定的竞争关系，但更有相互促进的关系。新型主体，尤其是龙头企业、合作社，可以对传统农户提供生产各环节的服务，推动传统农户生产方式的转变。与此同时，传统农户也可以为合作社、龙头企业提供原料，成为其第一车间。因此，在农业的发展过程中，特别是在扶持政策上，要对传统农户和新型经营主体并重，不可偏废。

（二）家庭农场、农民合作社和龙头企业之间的关系

农业新型经营主体中各类新型经营主体，在实践中并不存在优劣高低之分。不同类型的经营主体，在农业生产发展实践中承担的角色不同，定位不同。要针对各类主体的不同特点，发挥各自的比较优势，努力形成各类主体合作与联合的组织形态。家庭农场作为一个经营性质比较综合的经济体，出于效率和效益考虑，可能将一些生产性服务外包给特定组织，如专业合作社；在农地租赁方面也可以借助农民合作社，直接从农民土地合作社租入土地，以避免面对分散农户的高昂交易成本。随着合作的深入，一些家庭农场

【改革实践】

可能成为合作社成员。例如，目前法国约有75%的农场主是合作社成员。类似的，龙头企业为了降低与农户的交易成本，也可能加入某个合作社或直接领办合作社，这在各地都有经验可循。即使这些主体不加入合作社，家庭农场、龙头企业和农民合作社之间也可能由于产品或服务的交易而产生经济合作关系。在实践中，不能厚此薄彼，片面认为其中一种模式好，盲目去发展单一经营主体，结果可能违背市场规律，事倍功半。

（三）发展规模经济和提高土地产出率之间的关系

追求规模经济是新型经营主体发展的动力。从我国分散的小农经营来看，其土地规模较小，劳动生产率相对低下，但通过精耕细作，土地产出率并不低。以往的研究表明，正是因为传统农户在单位土地上投入了更多的劳动，最大限度对土地进行集约经营，才以占世界7%的土地养活了占世界1/5的中国人口。与之相比，新型经营主体通过扩大经营规模，科学组合和集约利用各种生产要素，可以有效提高劳动生产率和土地产出率。但规模超过一定程度，随着劳动生产率的提高，土地产出率有可能出现下降。因此，在发展新型农业经营主体中，规模经营要适度，不能盲目追求扩大规模。要根据各地资源条件和经营者能力适当控制规模。如果经营规模过大，超过了经营者自身的能力，就会由原来的规模经济转变为规模不经济。当然，如何确定适度规模标准，要因地制宜。例如，在东北这种耕地资源丰富的地方，单个主体的土地经营规模可以达到几百亩乃至上千亩；而在浙江、重庆等耕地资源稀缺的地方，可能几十亩以上就算规模经营了。

（四）培育新型农业经营主体和促进农业劳动力转移的关系

在工业化、城镇化深入发展过程中，农业劳动力转移是一个长期趋势。据有关测算，在目前的资源状况和技术水平下，我国还有约8000万农业富余劳动力，农业劳动力转移将是一个长期的过程。在这样一个背景下审视培育新型农业经营主体与转移农业劳动力的关系，可得出两个基本判断。其一，培育新型经营主体有利于转移农业劳动力。新型经营主体往往有积极性、有能力使用机械来替代繁重的体力劳动，这不仅有利于提高生产效率，还能大幅度降低生产成本。当然，在劳动力难以被替代的环节，新型经营主体也会雇用一些年龄相对较大但农业经验丰富的劳动力。这样，既把容易向非农产业转移的劳动力从土地上解放出来，又有效利用了不容易向非农产业转移的劳动力。其二，培育新型农业经营主体，要与农业劳动力转移步伐相适应。要根据农村劳动力的转移，积极稳妥推进土地流转，发展新型经营主体。但不能不顾劳动力转移的过程，强行推动土地流转，发展规模经营。考虑到有相当比例的进城农村劳动力还没有真正在城市落地生根，在推动土地流转中更要审慎，尊重农民意愿，以发展新型经营主体。否则，这不但不能推动现代农业的发展，还会影响社会发展的大局。

(五) 推进适度规模经营与发展社会化服务的关系

新型农业经营主体发展的过程，是农业分工不断精细化的过程，也是农业社会化服务大发展的过程。在传统农业阶段，分散的小农往往可以通过一己之力或邻里互助完成生产过程，不需要跨区域、大规模的社会化服务。而在建设现代农业阶段，随着单个主体经营规模的扩大，这种需要自然就产生了。农业生产经营是复杂的系统工程，任何一个主体都不可能"包打天下"。出于对生产稳定和利润最大化的追求，新型经营主体更愿意接受专业化、社会化的生产性服务。这是因为，某些服务即使能够自我提供，也可能达不到规模经济的要求。比如农业信息、市场营销、统防统治、抗旱排涝等，而这些服务如果在更大范围内统一提供，则能实现规模经济的要求。从这个角度看，有了服务的需求，并通过规模经济来激励服务的供给，就能为社会化服务发展创造良好的环境。同时，新型经营主体也能参与提供社会化服务，可以通过领办或合办社会化服务组织，通过自发的产业链整合，为自己及其他经营主体提供高质量服务，有利于在更大范围内降低成本，拓展利润空间。因此，对种养大户、家庭农场、农民合作社、龙头企业等新型农业经营主体而言，发达的农业社会化服务是其快速发展不可或缺的重要条件。

五、把握培育新型农业经营主体的重点任务

围绕以上发展思路，培育新型农业经营主体要推进以下重点任务：

（一）引导土地流向专业大户和家庭农场，重点培育家庭农场

提高土地流转管理服务水平，鼓励农村土地优先流向专业大户和家庭农场。一是健全土地流转市场。加强土地流转平台建设，建立健全县、乡、村三级流转服务体系，开展流转供求信息、合同指导、价格协调、纠纷调解等服务，引导土地依法、自愿、平稳流转。在尊重农民意愿的前提下，积极推广委托流转、股份合作流转、季节性流转等方式，推进整村整组连片流转，提高规模经营水平。推广实物计租货币结算、租金动态调整、土地入股保底分红等利益分配方式，稳定土地流转关系，保护流转双方合法权益。二是建立土地优先向专业大户和家庭农场流转的有效机制。以扶持资金为导向，建立分层分级的补助标准，鼓励土地转出户与专业大户、家庭农场签订中长期租赁合同，发展稳定而适度的规模经营。

（二）引导农民加强联合与合作，发展多种形式的新型农民合作社

按照"积极发展、逐步规范、强化扶持、提升素质"的要求，大力发展多元化、多类型的农民合作社。一是规范发展专业合作社。认真贯彻实施《农民专业合作社法》，指导合作社制定好符合本社实际的章程，建立健全各项内部管理制度，切实做到民主办社、民主管理。二是稳步发展土地股份合作社。在集体经济实力和领导班子组织能力较强的地方，坚持农户自愿原则，稳妥推进土地股份合作社发展，但要防止假借合作的名义侵害农民的土地承包权益。三是鼓励发展农民合作社联合社。在专业合作基础上支持相同产业、相同产品的合作社组成联合社，着力发展农产品贮藏、销售和加工环节，提高农产品的市场竞争能力。四是引导合作社开展内部信用合作。按照"限于成员内部、用于产业发展、吸股不吸储、分红不分

息"的原则，引导产业基础牢、经营规模大、带动能力强、信用记录好的农民合作社开展内部信用合作，建立健全相关规章制度，确保信用合作规范运行、健康发展。

(三) 培育壮大农业产业化龙头企业，完善利益联结机制

按照"优化配置、集约经营、规模发展、整体推进"的思路，进一步培育壮大龙头企业。一是做大做强龙头企业。支持龙头企业通过兼并、重组、收购、控股等方式，培育一批引领行业发展的领军企业。积极创建农业产业化示范基地，加强技术创新、质量检测、物流信息、品牌推介等公共服务平台建设，不断通过示范基地引领现代农业发展。二是完善与农户的利益联结机制。大力发展订单农业，规范合同内容和签订程序，明确权利责任。支持龙头企业与专业大户、家庭农场、合作社有效对接，鼓励龙头企业创办领办合作社，推进企业与合作社深度融合发展。鼓励农户、家庭农场、合作社以资金、技术等要素入股龙头企业，形成产权联合的利益共同体。三是引导工商资本到农村发展适合企业化经营的种养业。把工商资本进入农业同各类现代农业园区建设结合起来，引导工商资本依托农业园区发展现代农业，优化产业布局，夯实发展基础。把工商资本进入农业同各地农业产业发展规划结合起来，支持工商资本在良种繁育、高标准设施农业、科研示范推广等适合企业化经营的领域发展种养业，鼓励工商资本开发"四荒"和开展产前、产中、产后的加工、营销、技术等服务，不断增强其辐射带动能力。

(四) 构建农业社会化服务新机制，培育发展多元服务主体

按照"主体多元化、服务专业化、运行市场化"的方向，加快构建公益性服务与经营性服务相结合、专项服务与综合服务相协调的新型农业社会化服务体系。一是继续强化农业公益性服务体系。抓紧建立公共服务机构人员聘用制度，规范人员上岗条件，选择有真才实学的专业技术人员进入公共服务管理队伍。全面推行以公益性服务人员包村联户（合作社、企业、基地等）为主要模式的工作责任制度，逐步形成服务人员抓示范户、示范户带动

【改革实践】

辐射户的公益性服务工作新机制，不断增强乡镇公共服务机构的服务能力。二是加快培育农业经营性服务组织。采取政府订购、定向委托、奖励补助、招投标等方式，引导农民合作社、专业服务公司、专业技术协会、农民经纪人、涉农企业等经营性服务组织参与公益性服务，大力开展病虫害统防统治、动物疫病防控、农田灌排、地膜覆盖和回收等生产性服务。培育会计审计、资产评估、政策法律咨询等涉农中介服务组织。三是不断创新农业社会化服务方式。整合现有的涉农服务平台，在县级搭建集技术指导、农产品营销、农资供应、土地流转、农机服务、疫病防控等服务于一体的综合平台，促进农业社会化服务供需有效对接。积极推广"专业服务公司＋合作社＋农户""村集体经济组织＋专业化服务队＋农户""涉农企业＋专家＋农户"等服务模式，总结典型经验，发挥示范作用。

六、积极推进政策创新

推动新型农业经营主体发展，要努力破解在土地、资金、人才等方面的制约，加大财政支持力度，创新各类主体间的利益联结关系，优化新型农业经营主体发展的制度环境。

（一）改革农村土地管理制度

1. 进一步明晰地权。推进土地承包权确权，打消农户流转土地的后顾之忧。将经营权从承包经营权中分离出来，通过修改相关法律，推进所有权、承包权和经营权"三权分离"，进一步落实所有权、稳定承包权、放活经营权。可以结合目前在全国推进的土地承包经营权确权登记颁证试点工作，选择一些地方开展"三权"颁"三证"的试点，使"土地所有权证"体现土地集体所有的性质，"土地承包权证"体现集体经济组织的"成员权"，"土地经营权证"用于流转和抵押。

2. 健全土地有序流转管理机制。建议中央尽快出台相关指导意见，鼓励地方建立土地规模经营扶持专项资金，引导农村土地流向适度规模经营的专业大户和家庭农场。制定专门办法，建立工商企业租赁农户承包耕地准入和监管制度，着重对企业资质、经营项目、流转合同、土地用途等进行审核，对项目投资进度、租金兑付情况、耕地资源保护等加强监管。

3. 加强土地基础条件建设。探索通过"互换并地"等方式解决承包土地细碎化问题，建议中央财政设立农民承包地互换并地规模化整理专项资金，对组织开展互换并地成效明显的县（市、区）实行以奖代补。将土地确权登记、互换并地与农田基础设施建设结合起来，整合商品粮基地、高标准农田建设、农业综合开发、土地整理、农田水利等项目资金，大力建设连片成方、旱涝保收的优质农田，并将其优先流转给家庭农场。

（二）创新农村金融保险制度

1. 创新农村金融制度。一是培育和引入各类新型农村金融机构。为农村地区开展金融产品供给和金融服务创新服务，打破由一家或两家金融机构垄断农村资金市场的局面，允许农民合作社开展信用合作，为新型农业经营主体提供资金支持，形成多元主体、良性竞争的市场格局。二是扩展有效担保抵押物范围。建立健全金融机构风险分散机制，将新型主体的土地经营权、农房、土地附属设施、大型农机具、仓单等纳入担保抵押物范围。三是建立新型农业经营主体信用评定制度。开展新型农业经营主体信用评级，改善当地金融生态和信用环境，加大对新型农业经营主体的授信额度。四是创新担保机制，采取形式多样的担保办法，既可以由财政出资成立担保公司为新型农业经营主体进行担保，也可以成立村级的互助担保资金对新型主体贷款进行担保，还可以由龙头企业为合作社和家庭农场提供担保。

2. 完善农业保险制度。一是增设政策性农业保险品种。创设针对当地特点的财政支持下的政策性农业保险品种，尤其是蔬菜、水果等风险系数较高的作物，并建立各级财政共同投入机制。二是建立政府支持的农业巨灾风险补偿基金。加大农业保险保费补贴标准，提高农业保险保额，减少新型农业经营主体发展生产面临的自然风险。三是试点新型农业经营主体种粮目标收益保险。在种粮大户和粮食合作社中，试点粮食产量指数保险、粮食价格指

[改革实践]

数保险,中长期应加快研究种粮目标收益保险,即以种粮收入为保险标的物,通过指数保险的方式保障农民种粮收益,促进粮食生产。

(三)加大财政支持力度

一是新增补贴资金并向新型农业经营主体倾斜。对达到一定规模或条件的家庭农场、农民合作社和龙头企业,在新增补贴资金中给予优先补贴或奖励,以鼓励规模经营的发展。二是对新型主体流入土地、开展质量安全认证等给予一定补助。对新型农业经营主体流入土地给予一定的流转费补助,以补偿当前较高的土地流转费用;对新型主体开展无公害农产品、绿色食品、有机农产品等质量安全认证给予奖励,以提高家庭农场生产的标准化水平。三是加大对新型主体培训的支持力度。加强对规模经营农户、家庭农场主、农民合作社负责人和经营管理人员、龙头企业负责人和经营管理人员以及技术人员的培训,以提高生产经营的质量和水平。

(四)完善农业设施用地政策

认真落实国家有关农业设施用地政策,优先保障新型农业经营主体的生产设施用地及附属设施用地。有效利用村庄内闲置地、建设用地或复垦土地,支持新型农业经营主体建设连栋温室、畜禽圈舍、水产养殖池塘、育种育苗、畜禽有机物处置、农机场库棚等生产设施,以及建设晾晒场、保鲜、烘干、仓储、初加工、生物质肥料生产等附属设施。对直接用于或者服务于农业生产的水域滩涂,按农用地管理,并赋予较长的经营期限。各级政府在修订土地利用总体规划时,要充分考虑新型农业经营主体长远发展对设施农用地的实际需求。

(五)建立健全人才培养机制

大力加强对新型职业农民的培养,从国家层面制定中长期新型农民培养规划,重点对种养大户、家庭农场经营者、合作社带头人、农民经纪人、农机手和植保员等新型职业农民开展培训,培养大批农村适用专业人才。扩大农民培训规模,增加补助经费。探索建立家庭农场经营者的职业教育制度。

建立合作社带头人人才库，建设合作社人才培养实训基地，着力打造高素质的合作社领军人才队伍和辅导员队伍。加强对龙头企业负责人的培训，培养一大批农业产业化发展急需的经营管理人才。制定和完善大中专院校毕业生到农村务农的政策措施，鼓励吸引毕业生兴办家庭农场和农民合作社。总结地方经验，对在新型农业经营主体就业的大中专院校毕业生给予补贴，并在户籍、社会保障等方面给予其和城镇居民相同的待遇。

（六）探索组织模式创新

一是提高小农户的组织化程度，增强其话语权。特别要重视农民专业合作社的规范发展，使之成为真正的农民合作社，为此，选好、培养好合作社带头人非常重要。二是完善新型农业经营主体利益联结关系。推动龙头企业与专业合作社深度融合，推广"龙头企业+专业合作社（专业协会、集体经济组织）+家庭农场（农户）"的组织带动模式，鼓励农民以承包土地的方式入股合作社或龙头企业，鼓励龙头企业开展利润返还、股份分红等多种方式带动农民增加收入。

【改革实践】

参考文献

陈晓华.现代农业发展与经营体制机制创新[J].农业经济问题，2012(11)．

冯华，曲昌荣，钱伟.对话2013：新型农业经营体系怎么建[N].人民日报，2013-01-06．

黄祖辉，陈龙.新型农业经营主体与政策研究[M].浙江：浙江大学出版社，2010年．

孙中华.大力培育新型农业经营主体夯实建设现代农业的微观基础[J].农村经营管理，2012（1）．

宋洪远，赵海.加快构建新型农业经营体系[N].经济日报（理论版），2013-06-05．

张照新，赵海.新型农业经营主体的困境摆脱及其体制机制创新[J].改革，2013(2)．

赵海.新型农业经营体系的涵义及其构建[J].农村工作通讯，2013(6)．

赵海.家庭农场的制度特征与政策供给[J].农村金融研究，2013．

New Agricultural Management Entities: Concept, Character and Institutional Innovation

SONG Hongyuan, ZHAO Hai

(Research Center for Rural Economy, Ministry of Agriculture)

Abstract: The article discusses the concept and the characteristics of new agricultural management entities, which includes specialized households, family farms, farmer cooperatives, leading enterprises and various business service organizations. The authors think that new entities should be characterized by marketization, specialization, large scale and intensification. At last, the article suggests the government should improve the policies of farmland, financing, and human resources, in order to build a good policy environment.

Keywords: New Agricultural Management Entities, Scale Management, Family Management, Land Systems

金融实务

从网络经济学视角看互联网金融

◎ 孙明春

摘要：本文从网络经济学角度来分析互联网金融。互联网金融是互联网企业依托其电子商务或社交媒体网络，为其客户提供的附加服务。由于"网络效应"产生的巨大威力，那些积聚了海量客户的互联网平台往往可以轻松进入金融服务领域并迅速扩张金融业务。然而，由于网络效应常常导致"赢者通吃"的现象，估计未来仅有少数的互联网金融平台可以生存，而绝大多数规模较小的平台都只会是昙花一现。鉴于互联网金融并未改变金融业务的本质，对它的监管也应该秉承与传统金融监管一致的原则与框架。监管部门应该借助互联网金融的创新与发展，积极放松金融管制，给传统金融机构松绑，而不是把互联网金融的创新扼杀于襁褓之中。

关键词：互联网金融 网络效应 信息不对称 两边市场

作者孙明春系上海博道投资有限公司首席经济学家及高级合伙人。

最近一段时间，人们对互联网金融展开了热烈讨论，但观点却存在很大分歧。我们认为有必要从理论根基上厘清互联网金融与传统金融业务的区别，以确定互联网金融创新的本质。这不但有助于监管部门引入恰当的监管措施，也有助于金融机构（包括互联网金融企业与传统金融机构）合理布局自身的业务。对投资者而言，搞清楚互联网金融的本质特征，对预测这些新的商业模式的可持续性，进而预测相关企业和上市公司的发展前景也很有益处。

到目前为止，绝大部分对互联网金融的理论分析都是从信息经济学的角度进行的。研究者认为，互联网金融通过大幅度降低金融活动的交易成本和信息不对称的程度，有可能达到"去中介化"的效果，从而有可能形成一种并列于商业银行间接融资与资本市场直接融资的"第三种金融融资模式"（谢平等，2012）。

不同于上述研究方法，我们采取了网络经济学的视角来分析互联网金融。我们认为，目前绝大多数互联网金融产品和商业模式带来的主要是技术层面的改善或创新。它们降低了金融交易的成本，却无法明显解决信息不对称的问题，因此达不到"去中介化"的效果，也就不可能"颠覆"传统金融业。

然而，互联网金融的出现却是"水到渠成"并且不可阻挡的。它是互联网企业依托其所培育的电子商务或媒体与社交网络，为其客户提供的一种自然的附加服务。对那些存在明显的网络效应的互联网商业模式来讲，网络效应的巨大威力使那些已经积聚了海量客户的互联网商业平台可以轻松地植入金融服务功能，迅速扩张其金融版图，令传统金融机构无法阻挡。与此同时，由于网络效应存在规模临界点的要求以及近似于"赢者通吃"的特性，很多互联网企业被迫涉足金融服务业，以便为其网络客户提供日益完备和便捷的服务，从而巩固和增强自身网络的网络效应，防止被竞争对手的网络所超越。

网络竞争中"赢者通吃"的特性意味着，估计仅有少数的互联网金融平台可以生存，而绝大多数规模较小的平台都难以长期存活。不过，那些

【金融实务】

生存下来的互联网金融平台将来很可能成功跻身于大型甚至超大型金融机构之列。

对互联网金融这一新生事物,我们建议监管部门采取一种既大力支持和鼓励,又密切跟踪和监管的开放态度。鉴于互联网金融并未改变金融业的本质,对它的监管也应该秉承与传统金融监管一致的原则与框架,避免出现监管中的不公平或造成潜在的风险隐患。但值得指出的是,互联网金融的发展顺应了中国金融改革的大方向,成了倒逼"放松金融管制、打破改革惰性"的急先锋。因此,监管部门应该借力互联网金融的发展而积极推动金融放松管制的进程,给传统金融机构松绑,而不是简单地套用现行法规、把互联网金融的创新扼杀于襁褓之中。

一、互联网金融与信息不对称

互联网金融这个名词包含两个组成部分:互联网和金融。因此,研究互联网金融,必须同时分析这两个部分,缺一不可。

目前比较流行的观点是,人们把传统金融机构(如银行、保险公司、基金、证券公司等)使用互联网来展示和营销其产品和业务的做法称作"金融互联网",而把互联网企业介入金融服务领域的做法称为"互联网金融"。这种定义虽然简便易懂,但它只是区分了金融业务的操作主体(互联网企业或传统金融机构),而没有解释两者在经营模式上的区别。

互联网金融的怀疑者认为,互联网只不过提供了一种新的技术手段和营销渠道,传统金融机构完全可以借助同样的工具和手段,与侵入金融领域的互联网企业展开竞争。其中一部分人认为,互联网金融的成功在很大程度上是借助于突破了很多传统金融机构不敢逾越的监管红线,因此,一旦监管部门收紧对互联网金融的监管约束,将其纳入与传统金融机构同等待遇的监管框架内,互联网金融的优势将不复存在。届时,传统金融企业可以很快收复失地,而互联网金融的"火爆"有可能只是昙花一现。

然而,互联网金融的支持者认为,互联网金融有可能"颠覆"传统的金融模式，以一种新颖而独立的金融模式发展壮大。这是因为，在传统金融模式下，金融交易的双方或多方主体面临很高的信息搜寻、借贷方匹配以及信息处理成本等，需要借助专业的金融中介机构来降低上述交易成本，并通过后者进行尽职调查、财务分析、风险汇集和审慎管理来解决信息不对称和分散风险的问题。但互联网金融的支持者认为，互联网等新兴信息技术的发展使金融中介机构存在的必要性大大降低。例如，谢平等（2012）认为，互联网技术的普及以及大数据与云计算等信息科技的发展，大大降低了信息的获得、加工与处理的成本，使金融活动的交易成本与信息不对称的程度都显著下降。因此，专业的金融中介机构的上述功能完全可以被互联网等新技术手段所取代，金融交易双方可以绕过金融中介机构，直接通过互联网完成金融交易（如借贷、理财等），从而有可能形成一种并列于商业银行间接融资与资本市场直接融资的"第三种金融融资模式"。

我们认同互联网等新兴信息技术可以大大降低金融交易成本的判断，因为这些技术的确可以降低金融交易主体的搜寻与匹配成本。然而，我们认为，至少在目前的技术条件下，这些信息技术尚不能独立解决信息不对称的难题。

以P2P网贷为例，虽然互联网技术的存在使大量的潜在贷款人可以通过P2P网贷平台的网页直接了解到大量借款人及其项目信息，甚至可以通过互联网搜索引擎查询到大量的关联信息，但这并不意味着信息不对称的问题就可以大幅度减少。这是因为，不管互联网上的信息有多么丰富，也无法囊括实体经济与商业活动的所有信息。至少到目前为止，绝大部分的实体经济与商业活动的信息仍然存在于线下，而线上的信息虽然高速增长并且规模惊人，但与实体经济与社会产生与存在的信息量相比也只是"沧海一粟"。

具体来讲，对任何一个借贷项目，至少在目前的信息技术条件下，潜在的P2P网贷的贷款人依然无法独立确定以下要素：①借款人及其项目所陈列信息的真实性和准确性；②贷款项目的违约风险；③贷款利率与贷款

【金融实务】

风险是否匹配；等等。

众所周知，在过去一年中，中国有数十家P2P网贷平台倒闭，其中甚至出现了个别平台发起人卷款跑路的欺诈行为。这表明，P2P网贷的潜在贷款人甚至无法核实网贷平台自身及其发起人的真实性、诚信度和风险，那么所谓的"P2P网贷可以降低或消除贷款活动中的信息不对称"又从何谈起呢？

在现实中，大部分P2P网贷平台的发起人或管理者实际上是扮演了传统金融中介的角色，通过大量线下的尽职调查来核实相关的信息，然后提供给线上潜在的贷款人，来解决贷款业务中的信息不对称问题。这实际上是以网贷平台的信誉作隐性担保。有些P2P网贷平台干脆为贷款提供担保，或者由第三方专业担保机构提供担保。无论形式怎样，这些都表明，目前的信息技术本身尚无法独立地解决网络贷款中的信息不对称问题，P2P网贷的业务依然依赖专业的"准金融中介"做大量的线下尽职调查。

同时，网贷平台或第三方担保机构做的线下尽职调查的成本也不见得比传统金融机构的调查成本低。因此，P2P网贷平台或第三方担保机构收取的中介费或担保费也不见得低于传统银行赚取的利差。这令人怀疑，P2P网贷是否真的可以省去传统金融中介赚取的利差，从而给贷款人和借款人带来更大的投资收益或更低的融资成本。从中国目前的实际情况来看，P2P网贷的贷款人的确获得了比普通银行存款更高的收益，但绝大部分借款人付的利息却不见得比从传统金融机构获得的贷款利息低。这表明，P2P网贷带来的贷款人收益的提高，只是源于对当前存款利率管制的突破（与各种理财产品类似），而并非源自"去中介化"带来的"利差的消失"。

从理论上讲，如果互联网等信息技术无法大幅度降低信息不对称的程度，那么互联网金融业务就依然无法脱离专业的金融中介机构而独立生存。这不但意味着"第三种融资模式"可能无法实现，也令P2P网贷的发展空间和可持续性都值得怀疑。这也说明，用"解决信息不对称"或"去中介化"这个理论视角是无法解释"互联网金融"与"金融互联网"的本质区别的。

　　当然，谢平（CF40，2012）强调，"金融业一定要有想象力，不能太现实。如果我们的想象不够远，互联网的发展就会超出我们的想象"。对这种研究理念，我们深表赞同。的确，也许互联网、大数据、云计算等技术再发展数年，信息的获得会变得更容易、更廉价，信息造假的难度会更高，欺诈行为的动机会更难隐蔽，对单个信贷项目违约风险的模型计算会更准确且计算结果可以更廉价地提供给潜在贷款人。那么届时，即便对那些只是投资数百元甚至更少资金的潜在网络贷款人来说，信息不对称的问题也会大幅度减少。果真如此，那么不但"第三种金融融资模式"可能成为现实，而且人类社会的整体诚信度都会有明显改观。对此，笔者虽然心向往之，却心存疑窦。

二、互联网金融与网络效应

　　我们认为，互联网金融与传统金融的区别，不仅在于新兴信息技术带来的交易成本的下降。更重要的是，互联网作为现实社会中各种真实与虚拟网络中的一种，它可以创造、培育和利用网络效应。这是网络行业（包括互联网行业）与绝大多数普通行业的一大区别（Shapiro and Varian, 1999; Shy, 2001; Sun, 2007）。

　　网络效应也称作网络外部性。它描述的是存在于网络参与者之间的一种特殊现象，即任何一个网络参与者从网络中可能获得的效用与网络的规模（网络参与者的数量）存在明显的相关性。比如，在一个电话或传真网络中，参与这个网络的用户越多，他/她可以使用电话或传真来联络的用户会越多，因此每一个用户可能从这个网络中获得的好处就越大。每一个新增的用户，都给所有现存的用户增加了潜在的联系对象，因此会提高所有老用户的效用。这就是所谓的网络效应或网络外部性（Katz and Shapiro, 1985）。

　　根据商业模式的不同或分析角度的不同，网络（包括互联网）可以分

【金融实务】

为单边网络和双边网络。在一个单边网络里，网络的用户基本上可以视为是同质（或同类）的，如电话网络、传真网络等，网络效应产生于这些同类用户之间。而在一个双边网络里，网络的用户（或参与者）分为两类，比如信用卡网络的参与者就可以分为两类，一类为持卡人，另一类为接受信用卡支付的商户（Sun and Tse，2007）。最重要的是，这两类不同的参与者之间必须存在跨边的网络效应，即网络一方的参与者的效用会受到网络另一方参与者数量的影响（Armstrong，2006；Rochet and Tirole，2003；Roson，2005）。例如，接受万事达卡的商户越多，持有万事达卡的消费者就会得到越大的便利；而持有万事达卡的消费者越多，接受万事达卡的商户就有可能获得越多的商机。

需要指出的是，即便一个网络中可以划分出两种或多种不同类型的用户，但如果这些用户之间不存在跨边的网络效应，那么这个网络也不被视为双边网络。

就互联网商业平台来说，各种不同的商业模式往往属于不同的网络类型。比如，B2C的电子商务平台（如天猫、亚马逊）就是标准的双边网络（网店为一边，网购消费者为另一边，两者之间存在跨边的网络效应），而B2B的电子商务平台（如阿里巴巴）和C2C的电子商务平台（如淘宝）则可视为一个单边网络（因为网络参与者既可以是买家，也可以是卖家，他们之间不存在跨边的网络效应）；植入微信支付功能之前的微信是一个单边网络（因为这个网络只有一类参与者，即聊天人），而植入微信支付功能之后的微信则变成了一个双边网络（一边是聊天人，他们变成了潜在的消费者；另一边是商户；两者之间存在跨边的网络效应）；门户网站（如新浪）和搜索引擎（如百度）则可视为双边网络（一边为网站浏览者，另一边为在网站做广告的企业），不过对这两类商业模式而言，跨边的网络效应是单向的（广告企业加入这个网络的效应受到网站浏览者数量的正面影响，但网站浏览者加入这个网络的效应却基本上与广告企业的数量无关）。

上述例子表明，互联网商务平台有不同的商业模式，其背后蕴含的网络效应也不尽相同，因此网络平台的发展壮大就受不同规律的制约，在此不予赘述（详细论述可参阅 Shapiro and Varian，1999；Shy，2001；Sun，2007）。

三、网络效应的威力与互联网精神

网络效应的威力在于一旦网络的规模达到一定水平，网络的扩张将变成内生的、自我实现的，甚至无法阻止的。但是反过来，如果网络规模达不到一定的临界点（Critical Mass），这个网络将无法生存，很快会走向灭亡（Shapiro and Varian，1999；Sun and Tse，2007）。

比如，微信之所以具有如此大的吸引力，而其他几个后发的基于移动端的社交网络却难成气候，就是因为微信已经集聚了海量的用户群，其庞大的网络效应使老用户很难割舍，而新用户则会竞相加入。

正是由于这一原因，互联网企业在其成立初期，为了扩大网络的规模、达到这一必要的临界点，往往不惜做赔本买卖来吸引客户。这被很多人戏称为"互联网精神"。所有互联网企业都明白，如果他们的客户资源达不到某个量级，不管前期投入多少，这个网络注定是要失败的。而如果能够很快把客户数量提升到这个临界点，那么这个网络就可进入自我加强的正反馈状态里，前期的亏损可以轻松地被未来的盈利所补偿。这就是它们为什么要不惜血本来增加客户资源。美国公司亚马逊、雅虎等著名的互联网公司都是很好的例子。

当然，如果网络之间存在竞争，各个网络平台的成败则受到更复杂的机制的影响，网络效应的临界点也会因为网络之间的竞争而不断提高，成为一个动态改变的变量且不断受到网络中其他变量和因素的影响。由于网络效应的威力，竞争性网络之间常常会出现"赢者通吃"的现象（Shapiro and Varian，1999；Sun and Tse，2007）。因此，各个网络平台常常被卷入"你死我活"的竞争，而竞争的焦点自然集中在如何通过构建一个更加完备的"生态系统"来培育、强化并扩大自身网络的外部性，压制竞争对手

【金融实务】

网络的成长（Sun and Tse，2009）。

为达到这一目标，网络平台的经营者必须不断改善现有产品与服务来维持老客户的忠诚度，同时还要不断增加新产品、新服务来充实网络的内涵，构建一个更大、更完备的生态系统与网络，以吸引更多客户，扩大其网络效应，防止被竞争对手超越。因此，在存在网络平台竞争的环境下，网络效应既给网络平台提供新产品、进入新领域提供了便利和优势（因为它有海量的老客户基础），又迫使网络平台必须毫不懈怠地开拓新市场、打入新领域，防止在"赢者通吃"的行业里被对手超越、进而满盘皆输。正是这种内在的动力与外在的压力共同驱使，导致了互联网金融的诞生与迅猛发展。

四、互联网金融的诞生

我们认为，互联网金融的产生是一个"水到渠成"的现象，它是互联网企业依托其培育的互联网商务网络为其客户提供的一种自然的附加服务。这些附加的金融服务有助于改善客户体验、提高服务效率、增强消费者福利，因此是互联网商业模式发展过程中不可阻挡的趋势。

例如，阿里巴巴的金融业务发展路径很清晰，也是顺理成章、水到渠成的。它开始于最初的单边及双边网络平台（阿里巴巴、淘宝、天猫）。这些网络平台的电子商务业务需要便捷的网络支付工具来支持，以方便网络客户的交易与支付需求。所以阿里巴巴推出了支付宝，作为网络支付的手段，从而以第三方支付平台的身份进入了金融服务领域。由于支付宝大大便利了网络电商的交易，提升了客户体验，它反过来又大大增加了客户对阿里巴巴的各个电商网络平台的忠诚度，巩固了这些网络平台在行业内的龙头地位。

除了支付需求外，随着阿里巴巴电子商务网络的扩大和业务的拓展，其网络参与者（主要是网店）又衍生出更多的金融需求，如融资需求。因此，阿里巴巴推出了阿里小贷，通过与有关金融机构的合作而逐步涉足贷款融资领域。

由于支付宝中有大量暂时闲置的周转性资金,这些账户的持有者自然存在资金管理的需求。于是阿里巴巴与天弘基金合作推出了余额宝,使这些闲置的资金可以赚取高于活期存款甚至一年期定期存款的利息,而且存取方便,这对阿里巴巴的各种网络平台的参与者(包括商户与消费者)是巨大的增值服务。

从这个发展路径,我们可以看出,余额宝之所以如此成功,高利率固然是个很重要的因素,但更重要的是阿里巴巴的各种网络平台上已经积累了巨大的存量客户资源,而这些客户正是形成网络效应的基石。阿里巴巴聪明地运用了这些既有资源,并加以适度的营销宣传,又通过余额宝这一产品吸引了更多的客户加入它的支付宝、余额宝的网络中,使其成为其各种电子商务网络(如天猫、淘宝、阿里巴巴)的潜在客户。

随着余额宝的成功,很多互联网企业纷纷效仿,推出各种"宝宝们"来吸引客户。尽管有些"宝宝"宣传的利率远高于余额宝,但营销效果却远不如余额宝,其原因就是这些网络本身缺乏恰当的客户资源与生态环境,无法有效借助现存网络的网络效应,因此事倍功半。值得注意的是,后起的"宝宝们"大都靠高利率吸引眼球,甚至不惜做赔本买卖,正是印证了前文所述的"互联网精神",即这些后起之秀要争取尽快达到网络效应的临界点,否则它们将无法生存。

再以腾讯推出微信支付这一金融服务功能为例。众所周知,微信是中国最受欢迎的基于移动互联网的社交网络。在植入微信支付之前,它是一个标准的单边网络,因为这个网络里最初只有一类参与者,即聊天人(也是潜在消费者)。

理论上讲,如果一个单边网络有足够大的资源,这个单边网络很容易借助网络效应的威力而发展成一个双边网络。这是因为,只要新引入的网络另一边的参与者与原来那边的参与者之间存在跨边的网络效应,那么这些新参与者就很容易被现存的海量客户吸引。如果跨边的网络效应是双向的正反馈效应,那么这个新的双边网络甚至可以一蹴而就。

【金融实务】

基于这一原理，腾讯通过微信支付将商户引入到微信网络里，把这个单边网络转变为一个双边网络。由于微信既有网络中的客户资源巨大，它很容易通过跨边的网络效应吸引到另一边的参与者（商户）。所以可以想象，微信支付会迅速把单边的社交/自媒体网络转变成一个双边的电商网络。而基于这个电商网络和微信支付，腾讯可以把更多的金融服务（如推销理财产品、保险产品、证券投资以及小额融资等功能）附加到微信平台中。显然，这样一个发展路径也是水到渠成的。

与上述情况类似，电商巨头京东商城的"京东白条"也是为了满足其电商客户的融资需求而自然产生的附加金融服务。显然，与那些凭空建立的专门从事互联网金融业务的平台相比，这些基于原有互联网商务平台或社交网络而产生的互联网金融模式更具生命力和可持续性。这些附加的金融服务与交易机会有助于改善客户体验、提高服务效率、增强消费者福利，对中国经济的发展和转型以及提升中国金融业的服务品质都意义重大。

五、传统金融机构的应对

以上分析表明，互联网金融的出现是一个水到渠成的现象。它是互联网企业依托其培育的互联网商务网络为其客户提供的一种增值服务。从理论层面看，虽然互联网金融企业推出了一系列令人耳目一新的产品和商业模式，但它们并不能达到"去中介化"的目标，也没有改变金融的本质。因此，它们推出的产品和采用的商业模式，也完全可以被传统金融机构学习和利用。只要传统金融机构不故步自封，它们中的绝大部分应该可以经受住互联网金融企业的冲击，在金融服务的市场中保留自己的一席之地。

事实上，绝大多数传统金融机构近年来都非常重视利用互联网这一新兴的信息技术工具，它们大都已经建立了便捷完善的互联网网站，以服务企业客户与个人客户。不过，这些网站大多是客户与传统金融机构单向或双向联系的工具之一（并列于实体分支机构、电话、信件等其他营销与接触方式），并未促成客户之间的交流（单边或两边），也就无法在客户之间形成一个网络。因此，传统金融机构并未借助互联网而转变成一个单边或两边的网络平台，也没有培育和产生网络效应。

从利用网络效应来讲，其实传统金融机构天生就具备优势，因为它们拥有庞大的客户资源。然而，由于缺乏网络平台的意识，传统金融机构在开展业务时很少促成客户之间的直接交流和反馈，因此并未在客户之间编织起一个以自身为平台的网络。如果传统金融机构能够以既有客户为基础，开发出能够激发网络效应的产品、服务或商业模式，它们完全可以在这场互联网金融战役中保住自己的地盘。

以商业银行为例，它们天生就具有发展双边网络的优势，因为它们一方面拥有大量的潜在消费者（家庭储户）资源，另一方面拥有大量的企业客户资源，只是银行现有的商业模式并没有将这些客户编织成一个双边网络，并在两边的客户之间产生网络效应。

如果银行改变其传统思维，充分利用这两边的客户资源，通过建立P2P网贷平台或电商网络平台来培育跨边的网络效应，那么商业银行就会成为这个双边网络平台的拥有者。不过在传统银行看来，这可能属于不务正业，所以这些资源长期都被浪费了，把机会拱手让给了互联网企业。

近几年，一些商业银行已经认识到这一资源优势，开始建立自己的电商平台（如中国建设银行的"善融商务"、中国工商银行的"融e购"等）或P2P网贷业务（如招商银行的"小企业e家投融资业务"）。不过，由于在机构设置、股权安排、激励机制、与传统银行业务部门的协调和协同机制、对网络效应的理解和重视以及对"互联网精神"的容忍度等多方面存在缺陷或不足，大部分银行系的电商平台暂时无法与"草根派"的电商平台相抗衡。

坦率地讲，大部分传统金融机构在"触网"的过程中，只是抓住了互联网金融的"形"（互联网技术和营销渠道），而没有抓住它的"神"（不遗余力地培育和发展其网络以尽快达到网络效应的"临界点"）。这或许与金融机构必须将风险审慎管理置于首位的"基因"有关。因此，对绝大部分传统金融机构来讲，与其抑制互联网金融企业的发展或者反向杀入互联网企业的地盘，不如采取"合纵连横"的策略，与成功的互联网企业合作，强强联合，扬长避短，把两者的网络资源、客户资源与金融资源都充分挖掘和利用起来，实现双赢。

六、对互联网金融的监管思路

对互联网金融这一新生事物，我们建议监管部门采取一种既大力支持和鼓励，又紧密跟踪和监管的开放态度。鉴于互联网金融并未改变金融业务的本质，因此对它的监管也应该秉承与传统金融监管一致的原则与框架，避免出现监管中的不公平或造成潜在的风险隐患。

对互联网金融的发展，监管部门所采取的开放态度应该表现在以下两个方面。

第一，虽然互联网金融没有改变金融业务的本质，但大量互联网企业的确推出了一系列令人耳目一新的金融产品和服务。这些基于互联网和新兴信息技术产生的新产品和服务，确实有可能超出现有法规的监管范围，或者出现在监管真空的领域。对此，监管部门绝不能简单地予以禁止或套用对传统金融机构的监管法规，而是应该与时俱进，不断完善现行的监管框架和法规，为互联网金融的发展留出足够的空间。这对中国金融服务业的长远发展与品质提升意义重大。

第二，一些互联网金融产品的成功与"火爆"，的确得益于对现存的某些金融监管法规的突破，而大部分传统金融机构却因这些监管约束而无法与互联网金融企业展开公平的竞争。但这绝不能成为监管者对互联网金融套用现存监管法规的借口。我们认为，中国现存的金融监管法规存在明显的过度监管，必须加快放松管制，推动金融自由化。这也正是党的十八届三中全会为中国金融改革指明的方向。互联网金融的发展不但顺应了深化金融体制改革的大方向，而且成为倒逼金融改革、打破改革惰性的急先锋。因此，监管部门应该借力互联网金融的发展而积极放松管制，给传统金融机构松绑，而不是粗暴地用现行法规把互联网金融的创新扼杀于襁褓之中。

然而，由于网络效应的威力及"赢者通吃"现象的存在，互联网金融的确可能带来一些与传统金融不同的风险，监管部门对此也应该密切关注。

首先，由于大部分互联网金融是由已经拥有庞大客户基础的互联网企业发起的，网络效应的威力可帮助这些企业迅速扩张其金融版图。因此，一旦互联网公司从事的某些互联网金融业务存在严重的风险因素或利用了现行监管法规的漏洞，这些风险因素或漏洞就极有可能随着互联网金融业务的迅速扩张而被急剧放大，甚至出现"大而不能倒"或"大而不能管"的道德风险问题。对此，监管部门必须及早堵住漏洞、控制风险，防患于未然。

其次，由于"赢者通吃"的特性，互联网金融领域的竞争将来很可能以少数企业获胜而大部分企业失败的结局告终，因此互联网金融企业出现大面积的破产倒闭几乎是不可避免的（这从过去一年来数十家P2P网贷平台的关闭已经可窥一斑）。由于大部分金融业务属于具有高杠杆的中介业务，一旦互联网金融机构出现较大面积的破产倒闭，它对整个金融体系、经济体系乃至社会安定都可能产生较大的溢出效应。因此，监管部门必须及早意识到这一可能性，提前做好应对互联网金融企业大面积退出时的风险防范预案。

第三，同样由于"赢者通吃"的特性，少数互联网企业在未来可能会在互联网金融领域取得垄断性市场地位。届时，这些企业也有可能利用其垄断地位采取一些非公平竞争或损害消费者利益的行为。虽然这一风险还为时较远，但监管部门也要对此有所准备。

第四，还是由于网络效应的威力和"赢者通吃"的特性，在互联网金融发展初期，为扩大自身的网络平台、吸引更多的客户，绝大部分从事互联网金融的企业都采取了压低价格、给予补贴，甚至给予馈赠等价格竞争手段，不惜成本，甚至宁可亏损也要赢得客户。对非金融行业的互联网企

【金融实务】

业来说，类似的价格竞争司空见惯，对消费者而言的确是个福音，因此被贴上了"互联网精神"的标签。但是对金融行业来讲，如果因价格竞争过度而导致全行业的金融机构都难以赢利的话，势必迫使这些金融机构铤而走险，从事更多高风险、高回报的业务，形成"逆向选择"，这对整个金融体系的稳定来讲都可能是个威胁。因此监管部门应该密切关注互联网金融企业进行的价格竞争，在鼓励它们对客户提供更优质、更廉价的服务的同时，也要避免出现行业内过度压价、无序竞争的状态。

七、结 论

我们认为，互联网金融的出现是一个水到渠成、不可阻挡的趋势，它是互联网企业依托其培育的互联网商务网络为其客户提供的一种自然的附加服务。这些附加服务有助于改善客户体验、提高服务效率、增强消费者福利，对中国经济的发展和转型以及提升中国金融业的服务品质都意义重大。

从理论层面来看，虽然互联网金融企业推出了一系列令人耳目一新的产品和商业模式，但它们并不能达到"去中介化"的目标，也没有改变金融业务的本质。因此，它们推出的产品和采用的商业模式，也完全可以被传统金融机构学习和利用。只要传统金融机构不故步自封，它们中的绝大部分应该可以经受住互联网金融企业的冲击，在金融服务的市场中保留自己的一席之地。

然而，由于网络效应的存在，即便是传统金融企业也同样可以使用互联网作为一个新的营销渠道和手段，不过，它们并不一定可以收复失地。对那些存在明显的网络效应的互联网商业模式来讲，网络效应的巨大威力使那些已经积聚了海量客户的互联网商业平台可以轻松地植入金融服务功能，迅速扩张其金融版图，令传统金融机构无法阻挡。与此同时，由于网络效应存在规模临界点的要求以及近似于"赢者通吃"的特性，很多互联网金融企业被迫涉足金融服务业，以便为网络的参与者提供越来越完善和便捷的服务,从而巩固和增强自身网络的网络效应,防止被竞争对手网络超越。但"赢者通吃"的特性意味着,未来仅有少数的互联网金融平台可以生存,而绝大多数规模较小的互联网金融平台估计都是昙花一现。

如果上述分析正确,在今后数年中,必将有数家大的互联网企业可以成功地涉足金融领域,甚至与那些传统的大型金融机构平起平坐、并驾齐驱。与此同时,我们也会看到一轮传统金融机构与互联网企业之间"合纵连横"式的并购热潮或合作浪潮,以及跟随其后的一大批小型互联网金融平台的倒闭潮。

【金融实务】

参考文献

CF40圆桌：互联网金融模式与未来金融业发展[J]. 新金融评论，2012，(1):61~71.

陈威如，余卓轩. 平台战略：正在席卷全球的商业模式革命[M]. 北京：中信出版社，2013.

陈志飞. P2P网贷应尊重金融逻辑[J]. 互联网金融，2013，(4): 54~55.

黄震. 信息消费将成为经济发展的新力量[J]. 互联网金融，2013，(4): 6~7.

万建华. 金融e时代：数字化时代的金融变局[M]. 北京：中信出版社，2013.

谢平，邹传伟，刘海二. 互联网金融模式研究[J]. 新金融评论，2012，(1):3~52.

谢平. 互联网金融的基本理论要点[J]. 中国金融四十人论坛专题研究，2014，(239): 10~16.

张晓朴. 互联网金融监管的原则：探索新金融监管范式[J]. 金融监管研究，2014，(3).

Armstrong, M. Competition in Two-Sided Markets [J]. Rand Journal of Economics, 2006, Vol. 37(3): 668–691.

Economides, Nicholas. The Impact of the Internet on Financial Markets [J].Journal of Financial Transformation, 2001, Vol. (1): 8–13.

Katz, M., and Shapiro, C. Network Externalities, Competition, and Compatibility [J]. American Economic Review, 1985, (75): 424–440.

Rochet, J.C. and Tirole, J. Platform Competition in Two-Sided Markets? [J] Journal of the European Economic Association, 2003, (1):990–1029.

Roson, R. Two-Sided Markets: A Tentative Survey [J]. Journal of Network Economics, 2005, (4): 142–160.

Shapiro, C. and Varian, H. R. Information Rules: A Strategic Guide to the Network Economy [M]. Cambridge, MA: Harvard Business School Press, 1999.

Shy, Oz.The Economics of Network Industries [M]. Cambridge, UK: Cambridge University Press, 2001.

Sun, Mingchun. Weaving a Two-sided Network: Winning Strategies in Network Platform Competition [M].VDM Verlag Dr. Muller, 2007.

Sun, Mingchun and Edison Tse.The Diffusion of Competing Technology Standards [C]. In K. Mark Weaver (Ed.), Proceedings of the Sixty-fifth Annual Meeting of the Academy of Management (CD), ISSN 1543-8643, 2006.

Sun, Mingchun and Edison Tse. Sustainable Growth of Payment Card Networks: A Two-

Sided Market Approach [J]. Journal of Business Strategies, Vol. 24(2), 2007.

Sun, Mingchun and Edison Tse. When Does the Winner Take All in Two-Sided Markets? [J] Review of Network Economics, Vol. 6(1), March 2007.

Sun, Mingchun and Edison Tse.Resource Accumulation and Strategic Alternatives in Two-Sided Markets [J].Journal of Management Studies, Vol.46 (1), 2009.

Tse, Edison.Grabber-Holder Dynamics and Network Effects in Technology Innovation [J]. Journal of Economic Dynamics and Control, 2002, (26): 1721-1738.

Internet Finance: From the Perspective of Network Economics

SUN Mingchun

(China Broad Capital)

Abstract: From the perspective of network economics, internet finance is a natural extension of value-added services by internet companies to the participants of their existing e-commerce or social media networks. Due to network effects, internet companies with a large customer base could enter financial service industry fairly easily and grow their business fairly quickly. However, as network effects often lead to a winner-takes-all scenario, only a few internet finance platforms are likely to survive in the future. Financial regulators should treat internet finance companies with same principles and frameworks that they apply to traditional financial institutions, as we see no essential differences between the financial products and services provided by these two types of institutions. However, this does not mean that regulators should stop internet companies from providing new forms of financial products and services, but to allow traditional financial institutions to provide similar products and services, as long as systemic risks are in control.

Keywords: Internet Finance, Network Effects, Asymmetric Information, Two-sided Markets

金融大数据的战略与实施

◎ 武 剑

摘要：随着互联网金融的迅速发展，大数据技术得到日益广泛的应用，这对我国的金融生态和金融格局将产生深刻的影响。在这种新形势下，我国金融业应当因时而变，顺势而为；要从战略和实施两个层面，积极推进金融大数据的应用，使之迅速转化为产业竞争力。本文分析了大数据的特点、趋势和影响，探讨了金融大数据应用的总体战略，并结合大数据的技术要求提出了一系列具体的实施策略。

关键词：大数据 战略转型 实施策略 互联网金融

作者武剑系中国光大银行专职董事。

【金融实务】

一、大数据趋势及特点

随着近年来互联网特别是移动互联网的爆发式增长，全球数据量以几何级数增加。过去两年新增的数据量占人类历史数据总量的90%。据IBM的预测，到2020年全球数据总量会达到35 ZB（1ZB等于1万亿GB），是公元2001年之前总和的50倍，也是现在数据量的8倍，这是一个过去无法想象的巨大数据量。然而，大数据真正的本质不在于"大"。大数据是在移动互联网大发展以来才出现的，与传统数据相比，除了"大"以外，其差别主要体现在以下几个方面。

（1）在线：大数据必须在线并且能随时调用。传统数据的生产、存储以及调用是分割的，很多数据在采集之前就已经经过了人脑有意识的处理，如市场调查产生的数据；而大数据则强调人们无意识的参与，数据的产生和捕获都是在人们无意识的正常生产经营活动中进行的，做到了反映真实，并一直在线。若再借助以云计算为代表的新型处理方法，就能将在线的大数据实时进行分析，并随时调用分析结果。

（2）全体：即收集和分析与研究问题相关的更多数据。受数据捕获和处理能力的局限，传统数据在很多时候体现的是样本思维，即只能关心有关研究问题的片面的数据。大数据不再抽样，体现了全体思维，尽可能地覆盖所研究问题的全面和全程的数据点，从而尽可能地反映事物真实的全貌。这也是大数据最有价值的部分：人们可以通过对数据的分析、研究，对同一个事物进行不同角度的观察，形成多维度、全方位的认识。

（3）混杂。在传统数据时代，由于大多是抽样地、截取式地捕获数据，并且分析数据的手段和能力也相对有限，因此使用的通常是可量化的、清洁的、比较精确的数据。而在大数据时代，由于追求全体和在线特点，因此拥有了大量的、非量化、非结构化的数据，并且其中的很多数据对于研究问题是无用的，如监控视频，往往人们需要的仅仅是监控中的一两个画面。因此大数据是混杂的数据，在高度混杂的状态下，处理传统数据时的抽象的因果关系现在被一种相关关系所代替。

总之，大数据是包括结构化和非结构化的海量数据。大数据的管理目标是在数据海洋中分析挖掘出有价值的规律。大数据是在线的和实时的，数据运用时不追求精确而是在混杂的现实条件下追求时效性，一旦发现某些有用的规律，马上加以利用，从而使业务更加灵活，对市场机会更加敏感。

二、大数据对我国金融业的影响

正在来临的大数据时代，金融机构之间的竞争将在网络信息平台上全面展开，说到底就是"数据为王"。谁掌握了数据，谁就拥有风险定价能力，谁就可以获得高额的风险收益，最终赢得竞争优势。

中国金融业正在步入大数据时代的初级阶段。经过多年的发展与积累，目前国内金融机构的数据量已经达到100TB的级别，并且非结构化数据量正在以更快的速度增长。金融机构在大数据应用方面具有天然优势：一方面，金融企业在业务开展过程中积累了包括客户身份、资产负债情况、资金收付交易等大量高价值密度的数据，这些数据在运用专业技术挖掘和分析之后，将产生巨大的商业价值；另一方面，金融机构具有比较充足的预算，可以吸引到实施大数据的高端人才，也有能力采用大数据的最新技术。从总体来看，正在兴起的大数据技术将与金融业务呈现快速融合的趋势，给未来金融业的发展带来重要机遇。

首先，大数据推动金融机构的战略转型。在宏观经济结构调整和利率逐步市场化的大环境下，国内金融机构受金融脱媒影响日趋明显，表现为核心负债流失、盈利空间收窄、业务定位亟待调整。业务转型的关键在于创新，但现阶段国内金融机构的创新往往沦为监管套利的工具，没能基于挖掘客户的内在需求，提供更有价值的服务。而大数据技术正是金融机构深入挖掘既有数据，找准市场定位，明确资源配置方向，推动业务创新的重要工具。

【金融实务】

其次,大数据技术能够降低金融机构的管理和运行成本。通过对大数据的应用和分析,金融机构能够准确地定位内部管理缺陷,制订有针对性的改进措施,实行符合自身特点的管理模式,进而降低管理运营成本。此外,大数据还提供了全新的沟通渠道和营销手段,可以使金融机构更好地了解客户的消费习惯和行为特征,及时、准确地把握市场营销效果。

再次,大数据技术有助于降低信息不对称程度,增强风险控制能力。金融机构可以摈弃原来过度依靠客户提供财务报表获取信息的业务方式,转而对客户的资产价格、账务流水、相关业务活动等流动性数据进行动态和全程的监控分析,从而有效提升客户信息透明度。目前,花旗、富国、UBS等先进银行已经能够基于大数据,整合客户的资产负债、交易支付、流动性状况、纳税和信用记录等,对客户行为进行360度评价,计算动态违约概率和损失率,提高贷款决策的可靠性。

当然,也必须看到,金融机构在与大数据技术融合的过程中也面临诸多挑战和风险。

一是大数据技术应用可能导致金融业竞争版图的重构。信息技术进步、金融业开放以及监管政策变化,客观上降低了行业准入门槛,非金融机构(如阿里和腾讯)更多地切入金融服务链条,并且利用自身技术优势和监管盲区占得一席之地。而传统金融机构囿于原有的组织架构和管理模式,无法充分发挥自身潜力,反而可能处于竞争下风。

二是大数据的基础设施和安全管理亟待加强。在大数据时代,除传统的账务报表外,金融机构还增加了影像、图片、音频等非结构化数据,传统分析方法已不适应大数据的管理需要,软件和硬件基础设施建设都亟待加强。同时,金融大数据的安全问题日益突出,一旦处理不当可能造成毁灭性损失。近年来,国内金融企业一直在数据安全方面增加投入,但业务链拉长、云计算模式普及、自身系统复杂度提高等,都进一步增加了大数据的风险隐患。

三是大数据的技术选择存在决策风险。当前,大数据还处于运行模式的探索和成长期，分析型数据库相对传统的事务型数据库尚不成熟，对大数据的分析处理仍缺乏高延展性支持，而且它主要仍是面向结构化数据，缺乏对非结构化数据的处理能力。在此情况下，金融企业相关的技术决策就存在选择错误、过于超前或滞后的风险。大数据是一个总体趋势，但过早进行大量投入，选择不适合自身实际的软硬件，或者过于保守而无所作为，都有可能给金融机构的发展带来不利影响。

三、大数据应用的总体战略

尽管金融企业在应用大数据方面刚刚起步，目前大数据的影响还比较小，但从发展趋势看，应充分认识大数据带来的深远影响。在制订发展战略时，董事会和管理层不仅要考虑规模、资本、网点、人员、客户等传统要素，还要更加重视对大数据的占有和使用能力以及在互联网、移动通信、电子渠道等方面的研发能力；要在发展战略中引入和践行大数据的理念和方法，推动决策从"经验依赖"型向"数据依靠"型转化；要保证对大数据的资源投入，把渠道整合、信息网络化、数据挖掘等作为向客户提供金融服务和创新产品的重要基础。

（一）金融大数据应用的战略目标

我国金融业在经历十年的高速增长后正步入转型时期，其经营模式将从"以产品为中心"向"以客户为中心"转型，管理模式将从"粗放型"向"精细化"转型，逐步达到开放、普惠、创新的新金融时代要求。实现战略转型就必须及时、全面、准确地掌握客户需求，离开这一前提，战略转型就会偏离重点、迷失方向。金融机构引入大数据理念和技术，其驱动力不是简单地降低成本，而在于深入了解客户，准确把握市场，增强产品和服务的针对性、有效性，以确保战略转型落到实处。因此，大数据应用的战略目标可以概括为：构建以客户分析为基础、以客户需求为导向、以客户管理为核心的大数据收集、存储、分析和应用体系。

(二) 金融大数据应用的战略方向

(1) 推动业务发展模式的转型。金融机构应当把互联网金融和大数据应用作为战略转型的重要抓手,通过广泛收集各渠道、各类型的数据,利用大数据技术整合信息,对客户体验做深度挖掘,掌握客户真实需求,增加客户黏性,开展"精准营销"和"个性化服务"。金融企业转型能否成功,关键在于差异化战略的实施情况,前提就是找准自身定位,理解客户内在需求,再把这两个方面结合起来,走特色化的蓝海道路。在这方面,大数据、大分析和云计算将会发挥实质性的作用。

(2) 促进内部管理模式的升级。近年来,金融机构的管理升级行动层出不穷,包括业务流程再造、ISO质量管理、关键绩效指标、平衡计分卡、经济增加值等各种模式轮番上阵。很多管理升级项目实施后,企业绩效却并未得到提升。管理升级不成功的一个重要原因是:许多管理模式是在缺乏有效数据支持的情况下,仅凭咨询公司或企业领导人靠经验做决策推行的。一些看似漂亮、在其他企业成功的方法却并不适用本企业。因此,金融企业应通过自身数据寻求规律,通过采用大数据技术,对相应的管理模式进行对比分析和实证检验,找到真正能够解决本企业问题的管理方法,达到管理升级的实际效果。

(3) 推动风险管理模式的创新。现代化金融机构的风险管理应该是高度量化的,所以必须充分发挥业务数据的基础性作用,逐步实现由"小数据"向大数据的管理方式过渡。例如,就信用风险而言,传统商业银行在进行信贷决策时,主要依据客户的会计信息、信用记录、客户经理的调查以及抵押、质押担保情况等,再通过专家判断进行决策。这种决策模式比较适用于经营管理规范的大中型公司,而对数量庞大的小微企业并不适用;而且决策所依据的主要是企业过去的静态信息,时效性、相关性和可靠性不足,风险不能得到有效控制。

金融企业通过推进对大数据的应用,可以创新风险决策模式。一方面,通过多种传感器、多渠道采集数据,更加全面、准确、实时地掌握借款人信息,有效降低信息不对称带来的风险。另一方面,利用大数据技术可以找到不同变量间的内在关系，形成更准确的决策模型。这方面，国内外金融机构已取得不少成功经验。例如，阿里金融利用阿里巴巴B2B、淘宝、支付宝等电商平台上客户积累的信用数据及行为数据，引入网络数据模型和在线视频资信调查模式，通过交叉检验技术，辅以第三方验证，确认客户信息的真实性，向这些通常无法在传统金融渠道获得贷款的客户群体发放"金额小、期限短、随借随还"的小额信贷。依靠大数据而不是担保抵押来进行风险的决策与抵御，这使阿里金融获得了向传统银行发起挑战的核心竞争力。至于金融机构面临的其他风险，包括市场风险、操作风险、流动性风险等，更是需要依靠大量基础数据，才能进行有效的监控和管理。

(三) 大数据应用的战略步骤

1. 倡导"数据治行"的经营管理理念

长期以来，我国金融企业对数据的决策支持作用重视不够，内部系统的数据虽多，但大都处于睡眠状态，有效利用率不到20%。未来，金融业竞争日趋激烈，实行精细化、集约化的管理是唯一的出路，这就需要充分重视大数据的开发和利用。董事会和高管层要率先负起责任，把握好信息科技的特点和趋势，推行现代经营理念，着力打造"数据治行"的文化，倡导用数据说话，准确描述事实，反映逻辑理性，将海量数据转化为有价值的信息资源，让决策和管理更加有的放矢，更加贴近企业运行的真实状况。

2. 注重大数据应用体系的顶层设计

金融企业现有数据结构往往是条块分割的，而大数据应用则要求数据的统一性和完整性。因此，实施大数据战略需要注重顶层设计，打破原有的业务界限，围绕着数据目标对业务流程进行适当整合，最大限度地提升各类数据的契合度和有效性。推进大数据应用战略，将会对金融机构现有的管理体制、业务流程、技术架构等产生重大影响，为此必须事前做好全局性的顶层设计，尤其是技术架构的设计。这方面，互联网企

【金融实务】

业做了不少创新，但很多都不能复制到金融机构。特别是，金融企业对账务一致性的要求十分苛刻，如果账务有问题，用户将对金融企业产生不信任，可能导致重大的声誉风险；相对而言，用户对业务暂停几分钟的容忍度可能更高一些。因此，金融机构内部的网站、OA系统甚至电商平台可以借鉴互联网企业的技术架构，但核心业务仍必须是传统的架构。

3. 以持续改进的方式推进大数据应用

大数据是一项新技术，"小步快跑"的方式比较稳妥。一方面，大数据的有关技术尚在探索过程中，处于核心地位的非结构化数据处理技术尚不成熟。对金融机构而言，整合内部数据和打通外部数据仍是目前的主要任务，而这些还需要许多关键性的技术突破，实施起来不宜操之过急。另一方面，大数据应用必须服从于企业整体发展要求，一些颠覆性的应用模式可能由于条件不成熟，对业务发展造成误导。例如，在金融企业庞大的客户群体中，热衷于移动互联网等新媒体的毕竟只是一部分，如果仅凭对他们的分析来制定营销战略，则统计样本的偏差可能导致策略失败。另外，金融服务对系统安全性和稳定性的要求远高于互联网社交平台，在实现服务对接时可能影响用户体验和数据交互，但与互联网对接必须坚守安全底线，所以有必要循序渐进，甚至有所取舍。

4. 构建适合自身特点的大数据分析体系

大数据处理流程可分为数据采集、数据清理、数据存储及管理、数据分析、数据显化以及业务应用等六个环节。随着云计算的普及应用，数据采集、数据清理、存储及管理这三个环节目前已比较成熟，技术要求较高的数据分析环节也取得很大进步，真正成为大数据应用瓶颈的，是对分析结论的显化和应用。在这些环节上，最重要的不是技术方法，而是技术赖以运行的理念、规律、框架和环境。因此，对金融机构而言，从实际出发，构建适合自身业务特点的数据分析体系，是决定大数据应用成败的关键。

四、大数据应用的实施策略

（一）推进金融服务与社交网络的融合

我国金融企业要发展大数据平台，就必须打破传统的数据源边界，注重互联网站、社交媒体等新型数据来源，通过各种渠道获取尽可能多的客户和市场资讯。一是要整合新的客户接触渠道，充分发挥社交网络的作用，增强对客户的了解和互动，树立良好的品牌形象。二是注重新媒体客服的发展，利用论坛、微博、微信、聊天工具等网络工具，将其打造为与电话客服并行的服务渠道。三是将企业内部数据和外部社交数据互联，获得更加完整的客户视图，进行更高效的客户关系管理。四是利用社交网络数据和移动数据等进行产品创新和精准营销。五是注重新媒体渠道的舆情监测，在风险事件爆发之前就进行及时有效的处置，将声誉风险降至最低。

（二）处理好与数据服务商的竞争、合作关系

当前各大电商平台上，每天都有大量交易发生，但这些交易的支付结算大多被第三方支付机构垄断，传统金融企业处于支付链末端，从中获取的价值较小。为此，金融机构可考虑自行搭建数据平台，将核心话语权掌握在自己的手中。另外，也可以与电信、电商、社交网络等大数据平台开展战略合作，进行数据和信息的交换共享，全面整合客户有效信息，将金融服务与移动网络、电子商务、社交网络等融合起来。从专业分工角度讲，金融机构与数据服务商开展战略合作是比较现实的选择；如果自办电商，由于没有专业优势，不仅费时费力，还可能丧失市场机遇。

（三）增强大数据的核心处理能力

一是强化大数据的整合能力。这不仅包括金融企业内部的数据整合，更重要的是与大数据链条上其他外部数据的整合。目前，来自各行业、

各渠道的数据标准存在差异，要尽快统一标准与格式，以便进行规范化的数据融合，形成完整的客户视图。同时，针对大数据带来的海量数据要求，还要对传统的数据仓库技术，特别是数据传输方式ETL（提取、转换和加载）进行流程再造。二是增强数据挖掘与分析能力，要利用大数据专业工具，建立业务逻辑模型，将大量非结构化数据转化成决策支持信息。三是加强对大数据分析结论的解读和应用能力，关键是要打造一支复合型的大数据专业团队，他们不仅要掌握数理建模和数据挖掘的技术，还要具备良好的业务理解力，并能与内部业务条线进行充分的沟通合作。

（四）加大金融创新力度，设立大数据实验室

可以在金融企业内部专门设立大数据创新实验室，统筹业务、管理、科技、统计等方面的人才与资源，建立特殊的管理体制和激励机制。实验室统一负责大数据方案的制定、实验、评价、推广和升级。每次推行大数据方案之前，实验室都应事先进行单元试验、穿行测试、压力测试和返回检验；待测试通过后，对项目的风险收益做出有数据支撑的综合评估。实验室的另一个任务是对"大数据"进行"大分析"，不断优化模型算法。在方法论上，要突破美国FICO式的传统评分模式，针对大数据的非结构化特征，依靠云计算等海量分析工具，开发具备自学习功能的非线性模型。目前市场上的许多新技术，如谷歌MapReduce框架下的Hadoop或Hive等分析系统，具备较强的整合分析功能，可促进大数据向价值资产的转换。

（五）加强风险管控，确保大数据安全

大数据能够在很大程度上缓解信息不对称问题，为金融企业风险管理提供更有效的手段，但如果管理不善，"大数据"本身也可能演化成"大风险"。大数据应用改变了数据安全风险的特征，它不仅需要新的管理方法，还必须纳入全面风险管理体系，进行统一监控和治理。为了确保大数据的安全，金融机构必须抓住三个关键环节。一是协调大数据链条中的所有机构，

共同推动数据安全标准，加强产业自我监督和技术分享。二是加强与监管机构的合作交流，借助监管服务的力量，提升自身的大数据安全水准。三是主动与客户在数据安全和数据使用方面加强沟通，提升客户的数据安全意识，形成大数据风险管理的合力效应。

【金融实务】

参考文献

郭展飞.金融大数据的存储层次规划与设计[J].福建电脑,2014(3).

唐方杰.大数据金融渐行渐进[J].银行家,2014(3).

王杰.互联网金融发展的业务模式及优势探析[J].经济研究导刊,2014(4).

王珊,张延松.金融企业大数据技术选择策略[J].金融电子化,2012(6).

张徐.大数据和云计算在金融行业的未来趋势[J].中国连锁,2014(2).

Strategy and Implementation of Big Data in Financial System

WU Jian

(China Ever-bringt Bank Member of Directors' Board)

Abstract: In recent years, with the rapid development of Internet finance, Big data has been put into business widely, which will have profound influence on financial system and financial environment in China. China's financial industry should change with time and take actions accordingly in order to advance the implementation of Big data in financial business and enhance the industry's competitiveness. This article analyzes the charateristics, tendency and effects of Big data, discusses the comprehensive strategy of financial sector, and further puts forward a series of practical implemental tactics.

Keywords: Big Data, Strategic Transformation, Implementation Strategy, Internet Finance

《新金融评论》征稿启事

《新金融评论》于2012年10月正式创办，是上海新金融研究院主办的经济金融类学术刊物，致力于发表权威、严谨、高标准的政策研究和基础研究成果，强调学术性和政策性的完美结合。中国金融四十人论坛为本刊提供学术支持。

本刊现面向国内外学者征集稿件，欢迎踊跃投稿。

一、本刊主要栏目：
（1）专题；
（2）改革实践；
（3）金融实务；
（4）理论前沿；
（5）宏观经济；
（6）国际金融。

二、稿件要求：
（1）主题明确、论证充分、结构严谨、文字精练，富于理论和政策价值。稿件字数在8000-15000字；
（2）提供300字以内的文章摘要和3-5个关键词，论文摘要应包含：论文所研究的主要问题、得出的基本结论、所使用的主要研究方法以及所提出的主要政策建议；
（3）提供参考文献，包括著作人、著作(论文)、出版地、出版社(期刊或报纸)、出版年(期刊出版年、期次或报纸出版年月日)、页码，详见GB/T 7714—2005《文后参考文献著录规则》；
（4）若稿件中含有图、表、数学公式等，请务必保证其中的符号、数字、文字、图线等清晰，并请提供可以编辑的原始数据与图表；
（5）提供文章标题、作者、所在单位、摘要、关键词的英文译文；
（6）提供作者详细通讯地址、联系电话、电子邮箱，以便联系；
（7）作者需严格遵守学术规范，文责自负；
（8）严禁一稿多投。

本刊不收取任何审稿费、版面费，邀请相关领域专家匿名审稿。

三、投稿方式：
投稿邮箱：cfr@sfi.org.cn
联系电话：021-33023256
地址：上海市黄浦区北京东路280号701室《新金融评论》编辑部

《新金融评论》编辑部

订购《新金融评论》
（2014年1-6期）

单位全称		收件人		电话	
详细地址				邮编	
定价	40.00元/册	订购期数		每期册数	
书款（大写）		万　仟　佰　拾　元　角　分整			

订购办法

① 请订购单位工整、详细填写征订单各栏；

② 请务必将征订单传真或发电子邮件给出版社（010-59367080，caojiling@ssap.cn），以便查对书款，并按征订单地址及时发书；

③ 请将书款汇至以下账户，收到书款后开具正式发票并用挂号信邮寄给订购单位。

户　　名：社会科学文献出版社

开 户 行：中国工商银行北京北太平庄支行

账　　号：0200010019200365434

联 系 人：曹继玲　电话：010-59367070　传真010-59367080

地　　址：北京市西城区北三环中路甲29号院3号楼华龙大厦A座1310室
　　　　　社会科学文献出版社发行部读者服务中心

邮　　编：100029